汉语言基础与教学研究

张 虹 ◎ 著

北京工业大学出版社

图书在版编目（CIP）数据

汉语言基础与教学研究 / 张虹著 . — 北京 ： 北京
工业大学出版社，2021.2
ISBN 978-7-5639-7849-6

Ⅰ．①汉… Ⅱ．①张… Ⅲ．①汉语－教学研究 Ⅳ．
① H193

中国版本图书馆 CIP 数据核字（2021）第 034155 号

汉语言基础与教学研究

HANYUYAN JICHU YU JIAOXUE YANJIU

著　　者：张　虹
责任编辑：郭志霄
封面设计：知更壹点
出版发行：北京工业大学出版社
　　　　　　（北京市朝阳区平乐园 100 号　邮编：100124）
　　　　　　010-67391722（传真）　　bgdcbs@sina.com
经销单位：全国各地新华书店
承印单位：天津和萱印刷有限公司
开　　本：710 毫米 ×1000 毫米　1/16
印　　张：12.25
字　　数：245 千字
版　　次：2022 年 5 月第 1 版
印　　次：2022 年 5 月第 1 次印刷
标准书号：ISBN 978-7-5639-7849-6
定　　价：78.00 元

作者简介

张虹，女，1977年10月出生，福建师范大学文学院硕士研究生，上海工商外国语职业学院讲师。主要研究方向：国外语言学与汉语研究。近年来主要讲授现代汉语、跨文化交际、对外汉语教学法、职业汉语与应用文写作等课程。长期承担对外汉语教学和对外汉语师资培训工作，曾作为国家汉办汉语教学志愿者指导教师赴海外开展工作，并参与主编《华教耕耘录》。在《语文建设》《上海工商外国语职业学院职教改革论丛》等刊物上独立发表论文。为上海市优秀教学团队成员，负责并完成上海市高职高专教学研究会课题一项，参与多项横向课题。

前　言

　　语言是人类特有的宝贵财产，如果没有语言，就不会有现在的人类文明。汉语言是中华民族文化的结晶，有着悠久的历史，是我们祖先智慧的体现，进行汉语言教学，不仅能够对中华文化的传承起到促进的作用，而且还能够进一步推进中华文化的传播。然而随着时代的发展、科学技术的进步以及对外汉语教学的兴起，传统的教学方法已经不能满足现在汉语教学的需要，因此要对汉语言基础与汉语教学进行研究，促进汉语言教学的发展。

　　全书共八章。第一章为绪论，主要阐述语言和语言学、汉语语言学的分支学科等内容；第二章为汉语语音与教学，主要阐述汉语语音概说、普通话与方言、现代汉语语音的教学等内容；第三章为汉字与教学，主要阐述汉字概说、汉字文化与书法艺术、现代汉语书写的教学等内容；第四章为汉语语汇与教学，主要阐述汉语语汇概说、汉语构词法和造词法、网络词语的产生与规范、现代汉语语汇的教学等内容；第五章为汉语语法与教学，主要阐述汉语语法概说、汉语的句法成分、汉语语用原则、现代汉语语法的教学等内容；第六章为汉语修辞与教学，主要阐述汉语修辞概说、修辞的方式与功能、修辞的文化审美、现代汉语修辞的教学等内容；第七章为汉语课堂教学与评估——以对外汉语为例，主要阐述课堂教学活动研究概说、课堂教学结构分析、对外汉语课堂教学的测试与评估等内容；第八章为现代汉语教师的基本素养与能力发展，主要阐述现代汉语教师的信息素养、现代汉语教师的能力培养等内容。

　　为了确保研究内容的丰富性和多样性，作者在写作过程中参考了大量理论与研究文献，在此向涉及的专家学者们表示衷心的感谢。

　　最后，限于作者水平，加之时间仓促，本书难免存在一些疏漏，在此，恳请同行专家和读者朋友批评指正！

目 录

第一章 绪 论

语言伴随着人类社会的发展而产生和发展，是人类进行沟通交流的工具，人们彼此之间的交往离不开语言。语言学是以人类语言为研究对象的学科，探索范围包括语言的性质、功能、结构、运用和历史发展，以及其他与语言有关的问题，其伴随着对语言认识的深化而不断地扩展。本章主要分为语言和语言学、汉语语言学的分支学科两部分，主要内容包括语言、语言学、本体研究、语言研究的边缘地带等。

第一节 语言和语言学

一、语言

（一）语言的起源

1.神授说

关于语言起源神授说出现得最早，延续时间最长，从远古直到十七八世纪。在这漫长的历史岁月里，科学文化不发达、知识贫乏限制了人们的认知能力。人们普遍认为，世上万物都是神的安排，语言也不例外。即使到了今天，我们还能看到这种认识的痕迹。

远古神话和传说就有语言起源的记载。

我国苗族有这样的传说："洪水淹天"后，世上只剩姜央和妹妹二人。兄妹成婚，妹妹生下没有四肢和脑袋、更不会说话的肉球。根据山神指点，姜央把肉球切成小块撒到各处，并点燃爆竹。当爆竹噼噼啪啪爆裂时，各处的小肉

块都变成了人，咿咿呀呀说起话来。他们就是现在汉、苗等民族的祖先，他们说的话就是汉语、苗语等。

上述说法现在看来很荒诞，但在对自然界和人类社会一切异己力量及自身行为感到困惑不解、又想自圆其说时，早期的人类便臆造出神。可见，并不是神创造了人，而是人为了满足解释欲望创造了神。既然没有神，何谈语言是神的赐予？语言起源神授说不过是原始信仰的反映，它是人类认识处于原始阶段的表现。当然，原始信仰也会包含一定的合理因素，语言起源神授说的可取之处是把语言作为区分人和动物的标志。

2. 人创说

当人类从神话世界里走出来之后，相继提出了一些关于语言起源的学说。从古希腊时期到20世纪30年代，曾经有过多种关于语言起源的学说，如摹声说、感叹说、劳动叫喊说、社会契约说、手势说等。

①摹声说。摹声说认为语言起源于对外界声音的模仿，根据是各种语言中都有一些摹声词。例如，英语中的"cuckoo"（布谷鸟）类似于布谷鸟的叫声，汉语中的猫、鸭、鸡、鸦等跟这些动物的叫声也有关系，

②感叹说。感叹说认为语言起源于原始人对各种感受的感叹，人类的原始语言就是由这些感叹声演变而来的，根据是每种语言中都有一些感叹词。

③劳动叫喊说。劳动叫喊说认为语言起源于伴随劳动而发出的叫喊。这种叫喊声演变为劳动号子，进而演变为原始语言。

④社会契约说。社会契约说认为原始人起初没有语言，后来大家彼此约定，规定了一些事物的名称，这样就产生了语言。

⑤手势说。手势说认为原始的语言不是有声语言，而是手和身体的姿态，有声语言就是在这种手势和身姿的基础上发展而来的。

这些学说认为语言是"人造"的，比起远古的"神授说"来自然是一大进步，但是，它们大都是主观推测的产物，或者是根据语言中的一些现象所进行的片面牵强的推论，缺乏科学证据，难以令人信服。恩格斯在《劳动在从猿到人转变过程中的作用》中，提出了劳动创造了语言，语言起源于劳动的观点。语言的产生的确与劳动有关，因为劳动提出了创造语言的必要性，劳动也改善了原始人的发音器官、发展了原始人的思维，为语言的产生提供了生物学和心理学的基础。但是，这一学说并没有描述语言产生的具体过程，因此对语言起源问题的解释还是不完备的。

3. 进化说

语言起源曾是多个学科关注的热门话题，学者们讨论了几个世纪，仍见仁见智。因时代久远，无法得到直接证据，讨论最终走进了同一条死胡同。恩格斯《自然辩证法》讨论了语言起源，再次激发了人们探索的热情。他在《劳动在从猿到人转变过程中的作用》中指出，语言是人类形成时，在集体劳动过程中，为适应交际的需要而产生的，并且跟抽象思维同时产生。劳动在创造了人的同时创造了语言。也就是说，劳动奠定了语言赖以产生的生理、物质、思维和社会的基础。劳动促进了手脚分工和直立行走及肺部和喉头的解放，进而促进了原始社会内部的相互帮助和共同协作。

恩格斯的上述观点，是依据 19 世纪各门学科特别是生物进化论取得的成就对语言起源的精辟论述。他关于语言起源于劳动的学说无疑是正确的，回答了语言起源的条件：劳动决定了产生语言的需要。然而，他没能指出语言本身是怎样产生的。需要不等于现实，也无法产生出语言。

随着科学技术的发展，从 20 世纪二三十年代开始，除哲学、语言学等学科外，自然科学界的一些学者也在关注语言起源。他们摒弃思辨哲学，采用科学研究方法，开辟了研究人类及语言起源的一些新途径，并形成了"语言遗传学"。语言遗传学主要研究儿童和人类语言的形成与发展，涉及生物学（特别是社会生物学）、灵长类动物学、考古学（特别是考古人类学）、心理学（特别是儿童心理学和行为科学）、符号学、神经病理学（特别是大脑进化研究）、语言学、认知科学等领域。

语言起源的历史十分悠久，人们是没有办法回到几万甚至是几十万年前去对语言产生进行考察的，因此只能尝试着在人类近亲中寻找答案。在生物进化进行到了最后的时刻，人类才同自己近亲分了家，开始独立发展。黑猩猩跟人类在很长的一段时间内经历的事情都是相同的，因此人与黑猩猩有很多相同和相似的地方。也正是因为这样，有些学者开始尝试对黑猩猩的语言能力进行培养，想要通过这一类型的实验对人类语言的起源进行探索。但是，所进行的实验最终证明，不管采用什么方法，黑猩猩都不能学会人类的语言，更不用说通过观察其学习的过程对语言起源的奥秘进行探索了。

也正是因为这样，人们再一次将目光放到了人类自身。儿童学习一种语言只需要几年的时间，这可能能够成为对语言起源进行探讨的突破口。1874 年，德国生物学家海克尔提出了生物重演律，即高等动物胚胎的成长过程，重演了

它的物种进化过程。比如，十月怀胎一朝分娩，胚胎在母亲肚子里的发育过程只有十个月，却重演了人类由单细胞生物经过鱼类、两栖类、爬行类到哺乳类的几十万年进化史。在婴儿胚胎发育的不同阶段，上述不同类动物的生理特征相继出现，直到九个月时才完全消失。

受生物重演律启发，语言学家希望从儿童习得语言过程中发现语言起源、发展及认知方式的线索。观察和研究婴儿学话过程具有两方面的启示：一是语言学习、脑容量增加与智力或思维的发展大体同步，它们相互协调和促进，使语言和思维能力得到长足发展；二是人类最初的语言可能从独词句逐渐发展而来。问题是，婴儿学话研究的观察对象毕竟是现代人，与人类先祖相隔的时代过于久远，各方面条件发生了巨大变化，因此，这类研究也只能得出一些有益启示，难以获得直接证据。

为使讨论向更深入、更具体的方向发展，学者们试图通过测量古人类化石的脑容量，判断其思维发展水平，从而推测语言起源的相对年代。从表1可以看出，在旧石器时代晚期，晚期智人的脑容量已和现代人基本相同，其思维能力已具备产生语言的条件。

表 1　不同时期人类脑容量对比

分期	代表类型	年代	脑容量（单位：毫升）
早期猿人	东非人	300 ～ 200/150 万年前	600 ～ 800
晚期猿人	北京人	200/150 ～ 40/30 万年前	780 ～ 1075
早期智人	尼安德特人	30/20 ～ 5 万年前	1300 ～ 1350
晚期智人	山顶洞人	5 ～ 1.5 万年前	1400
现代人	—	—	1500

从生理结构看，类人猿的口腔和喉管基本呈直线状，喉头直接插入口腔。这样的声道系统难以通过改变舌头的形状改变声道，并发出清晰的声音。早期智人代表尼安德特人的喉头和口腔夹角大于 90 度，喉头仍直接插入口腔。美国科学家、语言学家列伯曼在解剖学家帮助下，依据化石构拟了人类远祖的发音器官，并与婴儿、成人、灵长目动物比较。电脑模拟其发音能力的结果表明，非洲南猿、尼安德特人和灵长目动物（黑猩猩）、婴儿一样，都不能清晰地发出 ɑ、i、u 这几个元音，而这些元音正是人类有声语言中最基本的元素。据此可知，尼安德特人还不可能掌握有声语言。

　　语言学家和解剖学家进一步比较尼安德特人和现代婴儿、成年人的声道系统后发现，现代新生儿的声道和尼安德特人非常相似。现代人之所以能发出不同的音节和音素，是因为喉部位置较低，在声带之上有一个较大的音室即咽腔。除现代人之外，所有哺乳动物的喉头都位于喉咙高处，发音功能十分有限。儿童的体质发育史折射了人类体质进化史。为满足吃奶和呼吸的需要，婴儿和哺乳类动物的喉部位置大致相同，但18个月后开始下移，14岁时达到成人的位置。这说明，如能确定喉部在人类进化不同阶段的位置，就可对个体的发音状况或语言能力做出某些推断。这是解剖学家利用化石头骨底部形状模拟发音器官构造，推断人类祖先发音功能的依据。

　　从解剖学家得到的研究成果可以看出，尼安德特人大概仅仅可以发出几个前辅音以及一些与中元音相似的音，还不可以对鼻音与口腔音进行区分。哪怕是这样，其语音能力也已经比当时的灵长目动物要高出许多。但是，尼安德特人本身的自理水平还不足以支持其使用有限的语音对语言密码进行编排，因此这个时期是有声语言形成的一个过渡时期。直至进化到晚期智人的时期，与之前相比，这个时期的原始人不仅口腔大大缩短，而且喉头的位置也有了十分显著的下降，因此舌根部分有了更大的自由活动的空间，这样的生理条件能够让发出的声音变得清晰。再加上晚期智人本身的智力水平有了较大的提高，所以人们推断，这个时期的人类能够产生有声语言的概率比较大。

　　从人类社会发展看，旧石器时代300万年的漫长岁月里，如果可以把现代人之前的"人"叫作人的话，那么人类社会的发展非常缓慢，只是到晚期智人时期才突然加快了步伐。这与语言的产生是否有直接关系，尚未有定论，从相关领域语言起源研究结论看，语言和人类的其他特征一样，是在长期进化过程中逐渐产生的。人类发展到旧石器时代晚期（即四五万年前，大致相当于山顶洞人时期）才开始形成有声语言。

　　目前比较一致的看法是，人类语言的历史并不像过去想象的那样久远，有声分音节语言的历史可能只有四五万年。原始劳动、混沌意识、直观思维、动作性抽象思维的历史，要比有声分音节语言的历史长得多。也就是说，人类或称"前人类"曾经历了约300万年无声语言岁月，只能利用原始的"前语言"交际手段（如动作、面部表情、手势、呼叫等）勉强维持交际。这虽不是定论，但比过去的各种设想更加清晰具体。

　　总的看来，关于人类语言起源的认识，人创说比神授说前进了一大步，进化说比人创说前进了一大步。既然人类的有声语言是在长期进化过程中逐渐产生的，是由前语言交际手段发展而来的，那么究竟进化到什么程度才有资格称

得上语言？普遍的看法是，语言必须用清晰的声音表达一定的意义，这种声音可以分解、按一定规则重组，并构成有机的系统。有些动物能发出比较清晰的声音，但其声音不能分解为更小的组成部分，更不能按一定规则重组。因此，动物的声音只是信号，不能称作语言。信号和语言的区别不在于声音本身复杂与否，而在于能否分解和重组，是否成系统。人类语言起初可能比较简单粗糙，但它已具备可分解、能重组的表意特点，与动物叫声有本质区别。

（二）语言的内涵与外延

1. 语言与言语

人们说话是一种复合现象，至少可以分出三个方面：第一个方面是张口说话的动作，称为言语动作或言语行为；第二个方面是说话所使用的一套符号，由语音、词汇、语义、语法等子系统构成，称为语言；第三个方面是说出来的话，称为言语或言语作品。

可见语言不等于说话，它只是说话这种复合现象中的一个方面。语言也不同于言语。语言是存在于全社团成员的大脑里的相对完整的抽象符号系统，具有全民性、非物质性和抽象性；言语是个人在特定情景中对语言的具体运用和表现，具有个人性、物质性和具体性。

不过，这里所说的言语是用来进行交际的外部言语。除了外部言语外，还有内部言语。内部言语是不出声的用于思维的言语。科学家曾经做过这样的实验，把细针状的电极装在受试者的发音器官上，然后让他算一道算术题，一次用口算，一次用心算。结果在两种情况下语言器官动作的电位变动记录相同，说明内部言语是存在的。外部言语比较连贯完整，而内部言语的跳跃性强，具有片断性和不完整性。

现在，人们对内部言语的面貌还所知甚少，但是都同意它也是对语言的运用。外部言语和内部言语的差异，是因功能不同而造成的运用上的差异；而且二者之间有一定的关系。一方面，人们在讲话时，必须使用内部言语进行思考，然后再通过一系列的加工把内部言语转化为外部言语；另一方面，年幼儿童没有内部言语，他们思考问题时往往伴之以自言自语，是在用外部言语进行思维。在成长的过程中，逐渐实现外部言语的内化，发展出内部言语。所以从个体发生学上看，内部言语是外部言语内化的结果。

从上面的论述可知，人们只能直接观察到言语（外部言语），而不能直接观察到语言。语言学家要研究语言，只能在两个地方找到它的踪影：一是在言语中；二是在说话人的大脑里。语言学家通过对大量的言语素材进行抽象概括，从中发现语言的各种单位和规则。至于说话人大脑里的语言知识，说话人并不能原原本本、清清楚楚地讲出来，语言学家只能想办法把它引导出来。比如，造出来一些句子让被调查人说哪些是对的，哪些是错的；或是呈现出一些句子，让被调查人分辨异同。语言学家通过对调查结果进行一系列技术处理，窥测出存在于被调查人大脑里的语言系统的面貌。

2. 口语和书面语

在有文字的语言中，语言有口语和书面语两种形式。口语就是人们口头使用的有声语言，我们一般说的语言就是指口语。它以声音作为物质载体，人们通过听觉器官耳朵来接收（即所谓"耳治"），广泛应用于人们的日常生活之中。在没有文字的语言中，口语是唯一的语言形式。书面语是以文字为物质载体的语言形式，人们通过视觉器官眼睛来接收（即所谓"目治"）。书面语的使用同样广泛，像各种书籍、报刊上的文章，信函，网络上的文章、帖子、文字聊天的内容等，都属于书面语。不过书面语的接收有一个限定条件，这就是以识字为前提，因此，即使在有文字的语言中，书面语的使用也只能限于认识文字的人群。但随着教育的普及，文盲的比例已经很小，所以绝大部分人是同时使用口语和书面语的。比如我们通过书面语的阅读来学习知识，通过书面语来了解信息，用书面语跟别人交流信息（如书信）。在当今的信息时代中，绝大多数的社会信息和科技信息是通过书面语来传递的。

与书面语相比，口语是第一位的，是书面语的基础。从两者关系看，一般的书面语是口语的记录，先有口语，后有对口语的记录。从使用来看，尽管书面语很重要，但人们最离不开的还是口语。没有文字的语言中不用说，只有口语而没有书面语；即使是在有文字的语言中，我们最经常使用、最不可缺少的还是口语。同时，口语也是书面语丰富和发展的源泉，书面语的变化常常要落后于口语，许多新的词语和说法是先在口语中形成，然后才在书面语中反映出来的。

书面语比口语更规范、更丰富，对于口语具有强大的反作用。书面语尽管以口语为基础，但是它并不是口语的简单记录，而是对口语进行了加工和规范，并对口语产生着巨大影响的。口语中由于语言环境的影响以及边想边说的特点，往往存在着一些不够规范、精练、准确的问题，如口误、语病、重复、用词欠妥、口头禅等问题。如果谁能真正"出口成章"，口语像书面语那样规范、精练、准确，那就要被誉为具有极好的口才，即便如此，这种人的言谈也不会完全达

到书面语的水平。书面语的写作可以从容思考，反复推敲、修改，因而书面语的语言能够去除口语的一些瑕疵，从而表达得准确、精练、规范。同时，书面语中还有一些从古语或外语中吸收进来的口语一般不用的词语或表达方式，比口语有更丰富的词汇和表达方式，所以能够比口语更典雅、表达更多样化，能够比口语更好地表达思想。可以说，书面语不是口语录音的文字转换，并非口语的完全被动的记录，却是口语的更忠诚的记录。书面语是语言的高级存在形式。书面语的这些优点，也会反过来对口语产生影响，有些书面语的词语、表达方式以及读音也会在一定程度上影响到口语。比如，读书多的人常常会在日常口语中掺杂一些书面语中的词语和说法。因此，书面语也是口语发展和丰富的重要来源。现代汉语普通话的语法以"典范的现代白话文著作"为语法规范，就说明了书面语对于语言规范的重要性。

3. 共同语与方言

共同语是一个语言社团共同使用的语言。方言是语言的地域变体，是某一地区人民日常生活所使用的交际工具。共同语是在方言的基础上形成的。由于政治、经济、文化和使用人口等方面的原因，某一种方言的声望和地位会高于其他方言，在共同语形成之前，这种有声望有地位的方言往往代行共同语的职能。对这种有声望、有地位的方言（基础方言）进行规范，并吸收其他方言的有用成分，形成共同语。有一些民族，至今没有自己的共同语。在共同语形成之后，共同语对方言会产生一种约束力，使方言向共同语靠拢，从而使方言间的差距、方言和共同语的差距不断缩小，甚至消失。但是，这是一个长期的过程。在一段时期内，方言会继续在本地区人民的交际中发挥作用，出现"双言现象"，而且会继续为共同语提供有用的语言营养。当然，由于政治上的原因，共同语对方言的约束力也会减弱甚至消失，这时方言会出现离心发展的趋势，直至演变为与共同语具有亲属关系的另一种语言。

4. 自然语言与其他符号系统

自然语言指的是社团把它作为母语来使用和学习的语言。自然语言一般都有一个较长的历史发展过程。与自然语言相对的是一些人工语言。人工语言是依照一定的原理人工设计出来的。人工语言有三种较为重要的用途：第一，在特殊情况下发挥自然语言的作用，如波兰医生柴门霍夫为消除语言隔阂于1887年设计的世界语；第二，为某种特殊用途而设计的语言代码，如电报代码、聋哑人的手势语等；第三，为某一科学技术领域依照语言原理而设计的符号系统，如计算机语言、逻辑语言等。人工语言在当代的社会生活和科学技术的发展中有着重要的作用，并有许多与自然语言相似、相通甚至相同的东西，因此是当代语言学关心和研究的对象。但是，它与自然语言必然不是一回事。本书所讲的语言，主要是指自然语言。

除了人工语言之外，与自然语言关系较密切的符号系统，还有文字和体态语。文字是记录语言的书写符号系统。如果说语言是一种符号的话，那么，文字则是符号的符号。因此，文字不属于语言的范畴，不是语言的一个子系统。但是，语言却可以在文字的帮助下改换物质表现形式，形成书面语。并且文字对语言的发展也会起一定的作用，如汉语的一些词语（"之字形""十字路口"）就是受汉字的影响而产生的，汉字这种语素型的非拼音文字，对汉语的孤立语性质的保持也起到了一定的作用。

体态语包括有符号意义的各种身势和表情，如点头、摇头、微笑等。自然语言的口头交际，往往要有体态语的辅助。体态语经过艺术加工，会成为一些艺术的表现手段，如舞蹈、戏剧动作等。正因如此，当代语言学的触角也触及了体态语。

（三）语言的基本职能

1. 语言是交际工具

（1）语言的交际功能

语言是应人类的交际需要而产生的，它的首要功能是被用来沟通信息，交流思想。说话者通过语言这种工具发送信息，听话者也通过语言这种工具接收信息，从而达到交流思想和相互了解的目的。

在社会生活中，这种思想交流是极为必要的，也是大量存在的，没有这种交流活动，社会活动和社会生产将无法进行。因此，日常的社会生活，离不开社会交际活动，社会交际活动又要依靠语言这种交际工具来进行。语言就是作为交际工具，以其交际功能为社会服务的。

正确地认识语言的交际功能，还应注意两点：其一，使用语言进行的交际活动是说者和听者双方的相互配合的活动，而不单是说者或听者一方面的事。其二，交际功能是语言的基本社会功能。语言还有其他的功能，如作为思维工具的功能、调节情绪的功能等。但它们都是交际功能的派生物。如果语言失去了交际功能，别的功能亦不复存在了。

（2）语言是人类最重要的交际工具

语言不但是人类特有的交际工具，而且还是"人类最重要的交际手段"。人类除了语言还有其他的交际工具，而在所有交际工具中语言是最重要的。人

们交流思想、传递信息的方式，不只是说话。人们可以使用文字，也可以拍电报，用电报号码传递消息。海军利用旗语进行联络，传达命令。交通警察用红绿信号灯指挥车辆、行人。部队用军号传达各种命令。还有数学符号、化学公式、聋哑人的手语、象征仪式、礼节形式等也都是人类的交际工具。此外，人们还可以用图画、手势、击鼓、烽火、航灯等传递信息。在日常生活中，人的某种手势、姿势、表情、动作等甚至也可以独立完成一些特定的交际任务。例如，鼓掌表示欢迎，举手表示敬礼，挥手表示送别，伸舌头表示惊讶，点头表示肯定，摇头表示否定，西方人用摊手耸肩表示不知道或无可奈何，等等。所谓"眉目传情""暗送秋波""察言观色"等说的就是用眼神和面部表情来传送信息。在特定的情况下，如果用语言表达，甚至还会显得有点笨拙。

社会生活五彩缤纷，人们传递信息、交流思想的方式方法也是丰富多样的。但是所有其他工具都不能跟语言相提并论。语言是人类社会独有的最完善的交际工具，它可以不依赖任何其他工具的帮助而独自完成社会的交际任务。假若没有语言，人类社会就不可能产生，现存的社会一旦失去语言也就不能继续生存。至于其他一切工具，都只能在语言的基础上才能产生，都只是为了扩大语言的交际效用才被创造出来的，并且都不能脱离语言而存在。

文字是记录语言的书写符号系统，是语言符号的符号。它的产生克服了有声语言交际中所受到的时间、空间的限制，在社会生活中起着重大的作用。但是，文字在交际中的重要性还远不能跟语言相比。人类社会在极其漫长的历史阶段中只有语言没有文字，至今还有不少少数民族没有文字。在有文字的社会中，交际双方都得识字，文字才能用得上。在文化教育尚不普及的社会中，使用文字只是部分人的事，而语言则是全民的。更为重要的是，文字必须在语言的基础上才能产生，而且要随着语言的演变而演变，始终伴随着语言。跟语言相比，文字只是一种辅助的交际工具。

盲文、聋哑人的字母、旗语、电报号码等是用不同的方式如实地记录和传达语言的符号体系，一旦脱离语言，不依靠语言，它们不但不可能使人了解，也根本不可能产生和存在。红绿信号灯、号声等只是比较笼统地传达特定信息的符号体系，表达能力是极为有限的。

从使用范围来看，其他一切工具往往都有特殊的服务领域，使用的范围都比较窄。比如：红绿信号灯只在城市十字路口上指挥交通时使用，电报号码只在电报通信中使用……而语言的活动范围几乎是无限的：包括生产的领域，也包括经济关系的领域；包括政治的领域，也包括文化的领域；包括社会生活，也包括日常生活。至于手势、表情等各种伴随动作，它们一般也都是在语言的基础上产生的，即使像察言观色这一类特定的交际方式，也必须有语言的交际为基础，预先得有一定的了解，双方才能心领神会。总之，只有语言才是人类社会一天也不能缺少的，与人类社会生活的各个方面关系最深，最能充分交流思想、传递信息的交际工具。

（3）语言是人类特有的交际工具

所有的人类社会都有这个社会所使用的语言。而人类以外的动物群体，即使是最先进的类人猿，也没有语言学意义上的语言。我们不能否认，人以外的动物也有交际工具，它们相互间也要表达某些意思。但是，它们的声音是含混的，声音的数量也极有限，能表达的意思也是简单的。更重要的是，动物的交际像它们的呼吸、吃食一样，是一种本能。而人类是在社会生活中学会语言的，人类的语言是社会约定俗成的、音义结合的符号系统，人类使用语言进行交际绝不是一种本能。美国学者海斯夫妇曾专心训练过一只小猩猩，虽经多年努力，它却只"学会"了四个单词，并且发音不清。

人类语言的许多基本特点，是动物的交际工具所不具备的。比如：①人类语言相当明晰，语言内部各单位的界限与联结都很清楚。而动物的交际工具大都分不清内部结构单位。②人类语言是由音义结合而构成的符号系统，由语音、语义、词汇、语法等内部成分有机结合而成；依照一定的秩序，语言材料有着无限的生成性。尽管现代科学对动物交际行为的研究还有待于进一步开拓和深入，但从现有的结论看，动物的交际工具尚不具备上述特征。③人类语言可以被传授。任何一个正常的人都可以学会人类的一种或几种语言。而动物使用交际工具的能力，是与遗传有关的一种本能。所以动物的交际工具也不具备可被传授的特点。有些动物（如鹦鹉），可以模仿人说话的声音，但是它们不解其意，也不用之来交际。这种现象并不意味着动物掌握了语言。

2. 语言是思维工具

这里的"思维"主要指抽象思维，也就是对客观事物进行分类、抽象、概括、形成概念，并运用概念进行判断和推理的思维。

（1）思维、思想、语言

思维是人脑的一种特殊机能，是认识客观事物时动脑筋的过程，也是动脑筋进行比较、分析、综合的能力。思想是思维活动的结果，是人们对客观事物的认识。语言的职能是参与思维并把思维活动的结果（思想）用词语和句子记载下来，使思想成为可以理解、可以感知的东西。

马克思说："语言是思想的直接现实。"这句话准确地说明了语言与思维的关系。语言区别于其他事物的本质特征在于它是人类最重要的交际工具。在交际过程中人们利用语言交流思想，传递信息。交流思想是语言交际的主要内容，而思想又是人的思维活动的结果。可见语言作为交际工具与人的思想、思维有着密切的关系。

语言不仅是思想存在的基础，也是思想产生的必要条件。思想的表达不能没有语言，进行思维、形成思想的过程也必须有语言参加，语言是形成思想和表达思想的必要工具。马克思认为思想是不能脱离语言而存在的，人对事物的认识，人关于事物的思想体现在语言形式（词语、句子）之中，凭借语言而存在。也就是说，人的思想是通过语言记录和固定下来的。正是由于语言的记录和固定，思想才得以保存，才可能被人们所感知、所理解，否则思想就将是一种不可捉摸的东西，转瞬即逝。人们对于客观事物任何一种较为完整的认识，都得经历一定的思维过程。这样的过程又必须借助句子才能明确地展开和完成。因为只有在句子中，概念之间才可以相互比较、联系，形成判断和推理，一步步发展成丰富的思想。比如，我们想到一本书，我们就用"书"这个词表达出来。如果我们在此基础上做出判断，我们就以句子的形式表达出来："这是一本有价值的书。"如果我们对此做出推理，我们就以复句或句群的形式表达出来："这是一本有价值的书，而有价值的书是值得保存的，所以这本书值得保存下来。"

巴甫洛夫认为人不仅有第一信号系统，它的刺激物是具体的事物，还有第二信号系统，它的刺激物是语言的词。如果人脑中掌管言语活动的区域遭受损害，那么人就不能进行抽象思维。事实正是这样，没有语言，抽象思维就不可能进行。

（2）三种思维形式

研究语言与思维的关系，通常只从语言在思维过程中所体现的功能着眼。其实这里边还有些重要问题需要弄清楚：思维是否只有一种形式？没有语言的思维是否存在？如果存在，那么在这种情况下语言将起什么作用？

根据思维过程中的凭借物或思维形态的不同，可将思维分为三种类型，即逻辑思维、形象思维和顿悟思维。

①逻辑思维。这是运用逻辑形式来进行的思维活动。客观事物本质的特征和规律性联系表现在概念、判断、推理之中。这种思维形式是要以语言为工具的，从形成概念到完成判断、推理的过程必须借助语言的材料来实现。

②形象思维。这是指在意识活动中，唤起表象并对表象进行选择性加工、改造的一种思维类型。文学艺术家在创造艺术形象的过程中，经常运用形象思

维；篮球教练员在设计比赛方案时，也要在想象中借助表象来分析赛场上的情形……形象思维在生活中是极其重要的思维类型。

③顿悟思维（也叫灵感思维或直觉思维）。这是一种在潜意识中长期积累，又在不知不觉中突然发生和完成的思维活动。现在对这种思维形式的机理研究得还不够充分，但它的存在是毫无疑问的。科学家为解决某一难题，可能历经数年的冥思苦索而无结果，但在无意间却恍然大悟、思如潮涌。这属于顿悟思维的活动。

人们在实际工作与生活中，思维活动的几种形式总是相互交叉进行的，而形成思想也往往是几种思维类型的相互补充使用而得到的。

（3）语言在认识过程中的作用

人是有理性的动物。这种理性的特征主要体现在人能够而且必须进行思维。人们的思维过程也就是对客观事物深入认识的过程。自从人掌握了语言以后，人的思维主要是借助于语言来进行的。人类思维的高度发展和语言有着密切的联系。人类通过自己的思维活动去认识客观世界。如果没有语言，个人的思维成果无法传递给他人，无法成为集体的智慧。在这种情况下，人类思维的发展必定是极其缓慢的，人们认识客观世界的深度和广度均受到极大的限制。有了语言，个人的思维成果可以互相交流而成为集体的智慧，并且可以传给后代。人类的思维成果得以积累，从而大大加快了思维发展的速度，使得人类一代比一代更深入、更全面地认识客观世界成为可能。

人类对世界的认识，首先是通过社会实践产生的，这是因为认识唯一的来源就是实践，人得到的所有真知都发源于直接经验。可是个人因为在自身条件上存在着一定的限制，所以所有的事情都依靠实践是不可能的。实际上，大部分的知识都来源于间接经验。因此，就必须要依靠语言（包括文字）的帮助，这主要是因为语言可以对前人和别人通过认识活动产生的成果进行记录保存，让其得以流传。"秀才不出门，便知天下事"说的就是语言文字的这种作用。

人类在认识过程中怎样给外界的事物和现象进行分类，如何确定这些现象之间的种种关系，又怎样从自己的观点来看待它们，等等，都得借助于语言。人们对于客观事物的种种认识都是在语言的帮助下完成的。人们认识世界的活动，无非是一方面掌握和运用人类已经得到的知识，另一方面获取前人还没有获得的知识，无论就哪一方面来说，语言都起着重要作用。正如德国语言学家洪堡特所说，思维与词的相互依从关系清楚地表明，语言与其说是确定已知真理的工具，毋宁说是在更大的程度上揭示未知真理的工具。

（4）思维的一致性和语言的民族性

语言和抽象思维虽然关系密切，但思维过程和言语过程并不是一回事。人类虽然依靠语言进行抽象思维，但语言不是思维，思维是人脑的特殊机能，是人脑反映客观世界的过程，其具有一致性。而语言作为思维的工具则具有明显的民族性。思维是人脑的机能，而且人类大脑的质地、构造也是相同的，那么，凡是正常的人，无论他属于哪个民族，他的大脑都应当具有这种机能。同时，客观世界的一致性也决定了人类思维的一致性。因为认识的对象相同，思维的内容也相同。比如，人们在观察过各种不同种类的花之后，就有可能认识这些花所共同具有的重要特征，因而将花这类事物与其他事物区别开来。不论哪一个民族的人都有这种认识世界的能力。因此，思维没有民族性。当然，处于不同历史时期、不同发展阶段的民族，由于生产力水平、科学文化水平的差异，他们的思维发展的成熟程度有所不同，但是他们的思维能力基本上还是一致的。正是思维的一致性保证了使用不同语言的民族可以互相交流思想，各种语言也可以互译。如果没有人类思维的一致性，没有共同的逻辑基础，那么这种交流就是不可能的。

语言的民族性指的是不同民族的语言是不同的系统。语音、语义、词汇、语法诸方面都带有各自的特点。因为语言是一定的社会集体为了满足自己的需要而创造出来的，不同民族所处的自然环境、生活习性、社会制度、文化背景等方面的差异，都可能导致语言的差异。事实上，语言作为一种社会现象既有民族性又有时代性，即使是同一民族，在不同时代，其语言结构体系也是不同的。从根本上说，语言是一种约定俗成的符号系统，跟思维内容没有天然的或必然的联系。

不同语言以不同的方式记录现实，以不同的方式对它们进行分类和分解，并在它们之间建立不同的联系。如英语、法语、德语都把手的不同部分（臂和手）做了区分，并相应地给这些部分起了不同的名称。英语为"arm"（臂）和"hand"（手），法语为"main"（臂）和"bras"（手），德语为"arm"（臂）和"hand"（手），而俄语则仅有一个通用的词"рука"。至于汉语区分"伯伯""叔叔""舅舅""姑父""姨父"，西方人一下子也不明白。这说明不同语言的语义体系、词汇体系的结构特点是不同的，而语音体系、语法体系的差异就更明显了。可见语言和思维是两样不同的东西，我们不能因为语言和思维关系密切而把它们混为一谈。

语言的交际职能和体现思维的职能虽然是两回事，但二者之间的关系极为密切。以语言为工具的交际活动同时也就是体现思维的过程，因为这种交际是以交流思想为内容的，而表达思想的过程也正是体现思维的一种方式。因此，语言既是交际的工具又是思维的工具，这两方面是统一的，彼此不能分离。

二、语言学

（一）什么是语言学

每门学科都有它所研究的对象，语言学的研究对象就是人类的语言。语言学的任务是要从理论上阐释语言的性质、结构和功能，通过考察语言及其应用的现象，来揭示语言存在和发展的规律。

语言学的理论可以帮助人们科学地认识语言和掌握语言，可以指导学者们进行语言方面的研究。大家知道，每一个正常的人都会说话，都要与人交谈，人们能够不同程度地掌握一种甚至几种语言，这是人的社会属性所决定的。可是，能够熟练地使用一种语言，并不等于对该种语言有了理性的认识。一个人汉语普通话说得很好，但可能对普通话的音位体系一无所知。经过有意识的学习和科学的训练，能使用数种语言进行交际的人，也不见得都是语言学家。因为使用具体语言的实践活动与关于语言的科学研究是有区别的。然而，语言学研究必须以对语言的感性认识为基础。我们无法想象一个不会使用汉语、根本不了解汉语的人可以对汉语进行科学的研究。

作为一门独立的学科，语言学的建立是经历了一个长期发展过程的。并且，现在的语言学理论和方法仍在不断发展着。对此，我们需要有一个大致的了解。语言是伴随着人类社会的产生而产生的，因此，人们从很早就开始关注和思考与语言相关的问题。光是根据对历史文献的研究就能够得知，在公元前4世纪至公元前3世纪，古代印度以及希腊的学者就已经开始就一些与语法相关的问题进行研究了。波尼尼对古梵语语法的研究，亚里士多德、特拉克斯等关于古希腊语的语法理论和研究，都取得了极高的成就。在古代的中国，先秦时代的学者关于语言文字的研究已有了比较高的水平，荀子、孟子关于语言现象、语言本质的论述是相当精辟的。但是，这个时期的语言研究是以为经典著作做注释而进行的，或者是以探究在阐释哲学思想时涉及的语言问题的方式而进行的，就是说，语言学作为一门独立的科学还未形成。此后，中国逐渐形成了以考释研究字形、字义和字音为主的"小学"传统；"小学"有着世代相传的、独具特色的治学方法，在清代乾嘉年间发展到了顶峰。在西方，18世纪以前的语言研究主要也是围绕古代文献的研究展开的。上述阶段的语言研究，从对象到方

法都不同于后来的作为独立的学科的语言学，所以被认为属于前语言学阶段，一般被称为"语文学"。

正当中国处在由文字学、训诂学和音韵学组成的传统"小学"空前繁荣的时期，欧洲的一些语言学者从 18 世纪下半叶开始采用历史比较的方法探究语言的来源和语言间的亲属关系，从而产生了历史比较语言学。后来，语言学的各个分支逐渐形成，理论体系逐渐建立，到了 19 世纪上半叶，语言学才成为一门独立的科学。仅从语言研究和语言学说的发展轨迹来看，语言学产生于西方的语文学。这一发展阶段的完成，与欧洲文艺复兴运动带来的文化和思想领域的大解放、大变革，以及由此推进的各门学科不断独立与分化的大发展有着密不可分的联系。从社会的、历史的角度看，语言学的产生也是受一定的社会历史条件制约的，是随着资本主义经济的形成和发展而产生的。

（二）语言学的特点

1. 客观科学性

语言学是对语言现象进行研究的科学。正像医学必须能治病一样，语言学对语言现象的解释必须符合客观的语言事实和语言规律，必须能够解决具体的语言问题。语言有自身的科学的规范，人们根据有关的理论和方法，应该能够学到语言，运用语言。尽管语言学能够解释的语言事实与其他自然科学相比，实在少得可怜，但语言学具有客观科学性这一点是不容置疑的。人们应该努力的方向是，让语言学能够分析说明的语言事实尽可能地多一些，深入一些，能更有效地解决更多的语言实际问题。

2. 主观人文性

语言是表达思想感情的工具。语言在表达思想感情时，既要遵循客观科学的思维规律，又要遵循主观人文的情感规律。同样一种思想感情，可以表达的语言方式是多种多样的。人们正是在这些选择中，找寻最佳的艺术表现方式。语言表达既是一种技术，更是一种艺术。艺术语言学是从艺术的角度研究语言的科学，具有强烈的主观人文性。从语言的组合和结构形式上来看，艺术语言是对常规语言的超脱和违背。它往往不以语法规范为依据，而追求更高的艺术境界，表达的是直觉思维和内心体验。艺术语言的最大的特点是用情感逻辑替代理性逻辑。它反映客观世界，不在于判断或推理，而在于由形求神，传情达意。

3. 接缘性

语言学同众多科学有联系，这是由语言的特点所决定的。语言是一个复杂的多面体，是特殊的社会现象。语言的本质属性是社会属性，但它也具有自然属性。语言学是介于自然科学和社会科学之间的科学，是一门边缘学科。从语言的性质讲，语言学本身就是一门接缘性学科。语言的接缘性研究摆脱了语言研究仅限于语言结构本身的束缚，开辟了语言研究的广阔天地。如今，语言学的研究对象已不局限于语言体系，它要探索言语规律，研究言语习得机制。这样，语言学研究就需要同社会、心理等因素联系起来，从而也就形成了不同的边缘科学。语言学研究拓展到了广泛的领域。除计算机语言学所涉及的机器翻译、情报自动检索、人机对话、人工智能等和心理语言学所涉及的失语症治疗、儿童言语发展等领域外，目前最普遍的研究领域是言语修养、文字创造和改革、词典编纂、语言翻译、语言教学等，因而语言学中的修辞学、文字学、词典学、翻译学、外语教学等分支学科发展很快，引起了广泛的重视。只有联系语言的社会属性和自然属性，抓住其接缘性的特点，语言学的研究领域才能进一步拓展，研究方法才能不断地更新，研究内容才能不断地深入。语言学的接缘性使语言研究具有了开放性的特点。

（三）语言学的分类

作为一门独立的学科，语言学有自己的一套研究方法，用不同的研究方法研究语言就会形成不同的分支学科。语言学可以分为理论语言学与应用语言学两大类。理论语言学是对语言现象进行理论研究，通过概括语言事实，形成一套完整的科学原理。当用这些已形成的语言学原理来解决各项实际任务时，便形成了应用语言学。

1. 理论语言学

理论语言学包括对某一单一语言的研究和对人类一般语言的研究。以某一单一语言为研究对象的语言学，我们称之为个别语言学或专语语言学。例如，专门研究汉语的叫汉语语言学，专门研究英语的叫英语语言学。

个别语言学或专语语言学可以从纵向，用历史的方法来考察语言在不同历史阶段的发展演变过程及其规律，我们称之为历史语言学或历时语言学，如汉语史、英语史等；还可以从横向，截取语言发展的一个横断面，静态地描写语言在某个时期的形态，我们称之为描写语言学或共时语言学，如古代汉语、现代汉语等。如果不是以某一单一语言为研究对象，而是以人类一般语言为研究对象，研究语言的性质、功能、结构、发展等共性问题，我们称之为普通语言学或一般语言学。我们现在所学的"语言学概论"就是一门普通语言学的基础课程。综合各种语言的研究成果，归纳语言的基本规律，这是理论语言学的任务。

对个别语言或具体语言的研究是建立普通语言学的基础。个别语言研究越多越深刻，普通语言学的内容就越丰富，概括得就越深刻越全面。反过来，普通语言学理论又能指导个别语言学的研究。因此在研究个别语言时，要用普通语言学的一般原理来分析、描写它，并比较不同的语言事实，同时，概括出新的原理，丰富普通语言学。

2. 应用语言学

应用语言学有狭义和广义之分：狭义的应用语言学主要涉及语言教学问题，包括本民族的语言教学和外族语的教学；广义的应用语言学是由语言学的基本原理同有关学科结合起来研究问题的一种交叉性学科。例如，语言学与人类学相结合产生了人类语言学，与心理学相结合产生了心理语言学，其他如社会语言学、病理语言学、数理语言学、神经语言学等都是由语言和其他学科交叉形成的学科。应用语言学不同于理论语言学，它是研究语言在各个领域中实际应用的总称。用什么理论解决什么实际问题，这是应用语言学的课题。例如，语义学提供了义素分析、语义场分析、搭配分析、逻辑语义分析等各种分析语义的方法，它们有的比较适用于语言教学，有的适合词典义项的划分，而有的则适于机器翻译的语义形式化。

19世纪末，波兰语言学家博杜恩·德·库尔德内首先提出了应用语言学这个概念。20世纪以后，随着语言科学的发展，应用范围的扩大，应用语言学的说法开始广泛运用，并最终促成了应用语言学和理论语言学的分化。

除了理论语言学和应用语言学的划分之外，还有宏观语言学和微观语言学、内部语言学和外部语言学、结构语言学和建构语言学等的分类。现代语言学的发展表明，只有多角度、多层次、全方位地研究语言才能深刻认识语言的本质，才能最大限度地发挥语言的作用。

（四）语言学的流派

19世纪以来，语言学的发展经历了若干阶段，产生了许多流派。起初，历史比较语言学是以发现不同语言之间的亲属关系、探讨它们的联系与发展规律为特征的，有不少语言学家醉心于构拟原始语言。历史比较语言学把"事物的普遍联系与发展"的观点引入语言科学，括宽了人们的视野；但是，它也暴露了许多局限性，它过分偏重于历时的语言研究，而忽视了共时分析，使关于语言的结构描写与系统考察成为薄弱环节。随后产生的结构主义语言学，对语言结构的研究取得了大幅度的进展。结构主义语言学的创始人费尔迪南·德·索绪尔做出了伟大的贡献。结构主义语言学认为：第一，每种语言都有其特有的关系结构；第二，每种语言的个别单位都不是孤立的，而是在跟其他单位的区别、对立中存在的。结构主义语言学为客观精确地描写共时状态的语言提供了理论根据和方法。索绪尔之后，结构主义语言学的重心转移到了美国，产生了描写主义语言学，代表人物有布龙菲尔德等。布龙菲尔德之后，美国的结构主义语言学产生了不少流派。到了 20 世纪中叶，随着信息科学的发展和数理逻辑作为工具在各个领域中的广泛应用，以及计算机技术的推广，以乔姆斯基为代表的转换生成语言学派诞生了，其诞生通常以 1957 年《句法结构》的发表为标志。这是一场波及各国语言学领域的革命，并且蔓延到了数学、社会学、哲学、心理学、神经生理学、计算机科学等广大领域。艾弗拉姆·诺姆·乔姆斯基把语言结构分成了深层结构和表层结构。他认为语言学应该研究的是人的语言能力，他假设人有一种言语机制，并可以用数学模式来推导。近年来，社会语言学和语用学得到了迅猛发展，其共同特点是更多地联系社会来研究语言的性质与功能。目前这方面的研究方兴未艾，正不断地推出新的研究课题。上述关于语言学历史发展的介绍，只是单线的、轮廓式的；而语言学本身又往往是多学派并存、横向和纵向结合发展的。

（五）语言学的作用

1. 指导人们学习语言、运用语言和研究语言

在对一门新的语言进行学习的时候，语言学理论可以为人们对于规律的掌握提供帮助，让人们能够做到见微知著、融会贯通。人们尽管对语言已经掌握得非常熟练了，但是在进行应用的时候，在使用效果以及水平上仍然会产生差异，而语言学理论可以为人们提供指导，让人们能够更加精准以及恰当地对信息进行选择和发出。除此之外，要想科学地对语言进行研究，就一定要具备理性的观点，采用正确的方法，而这些恰恰是语言学理论能够提供给人们的。

2. 提高对语言作品的分析和鉴赏能力

高尔基说过："文学的第一要素是语言。"语言学可帮助人们在较高层次上来理解文学作品。譬如：杜甫的《登高》诗中"风急天高猿啸哀，渚清沙白鸟飞回。无边落木萧萧下，不尽长江滚滚来"，用现代汉语来读，"回"与"来"本应押韵的两个字不押韵了，影响了对作品形式美的欣赏。而语言学理论告诉我们，语言及其构成要素是不断发展变化的，唐代的汉语语音一定跟今天的不同；汉语音韵学又告诉我们，隋唐时"回""来"二字都属平水韵的灰韵，是押韵的。

3. 有利于各项语文政策的制定和推行

在当代的中国，推广普通话和汉语规范化的任务是很艰巨的。对于普通话为何要以北京音为标准，怎样逐步推广，以及汉语规范化的标准是什么等问题，语言学理论均已做出了说明。制定语言政策，必须以语言的内在规律为依据。离开语言学理论的指导，这方面的工作就无法进行。

4. 有利于科学技术的现代化

语言作为传递信息最重要的载体，随着科学技术的现代化，正发挥着越来越重要的作用。计算机对自然语言的处理，已成为全球最热门的课题之一。要在这方面有所开拓，有所前进，也有赖于语言学研究提供理论指导和科学方法。

（六）当代语言学的发展趋势

随着各个语言学派、语言学家对语言的多角度探索，语言学无论是在研究的广度，还是在深度上，都得到了前所未有的拓展。人们对语言的本质认识越来越深刻，语言学的研究对象也越来越明确。近年来语言学的发展趋势越来越引起人们的关注。

首先，注重对语言体系、言语活动和言语机制的研究。当代语言学注重从语言体系、言语活动和言语机制三方面来认识语言的本质问题。结构语言学把语言体系作为语言学唯一的研究对象，这显然不利于深刻揭示语言的本质。因为人是在言语活动中逐步掌握语言体系，在言语交际中建构话语、理解话语的，所以离开言语活动而研究抽象的语言体系，会使语言体系本身陷入枯竭境地。

其次，重视语义研究。当代语言学认为语言是音义结合的符号体系，十分注重语义的研究。传统语言学把语言划分为语音、词汇、语法三要素，仅在词汇学、语法学中有限地研究一些语义问题；结构语言学只分音位学、语法学两门学科，既不重视词汇系统，也不重视语义系统。转换生成语言学早期也忽视对语义的研究。20世纪60年代中叶，各派语言学家都认识到语义研究的重要性，从60年代后期到整个70年代，西方语言学界开展了一场语义和句法问题的学术讨论，语义学也成了同语音学、语法学并列的分科。从此，语义学研究打破了传统的局限，对语义的本质、结构、形式化等问题进行了探讨；打破了历时的局限，着重研究共时和泛时的语义现象；打破了词义的局限，小至义素分析，大至话语意义研究，范围相当广泛。

再次，语言学研究重点从结构转入建构。当代语言学打破了结构语言学的各种局限，开展建构研究。所谓建构，一是指利用语言体系中的材料构成话语；二是指利用话语中的创新，在其约定俗成后，充实语言结构体系；三是指个体在习得和学习一种语言时，逐步建构个体的语言体系，使之接近于全民语言体系。语言的共时结构体系是相对的，是建构的一个阶段。现代各种语言均不断发展，处于建构之中。语言结构和语言建构是相辅相成的，语言结构离开建构就不能适应社会交际，语言体系本身就显得匮乏。所以，语言学应该在继续研究语言结构体系的同时，也要研究建构规律，研究言语规律，研究建立话语和发展语言结构的规律。

最后，语言学理论广泛应用，边缘学科大量出现。研究应用语言学的学者及专家，也逐渐地将目光放在这崛起的新兴研究领域，语言学所研究的范围也自然得到了有效扩大。

第二节 汉语语言学的分支学科

一、本体研究

语言既是具体的，又是抽象的。说出来的话是语言的具体表现，可以分为语音、语法、语义三层；说话时所用的是某一种民族语言，任何民族语言体系都是许多具体话语的抽象概括，可以分为语音（音系）、语法、词汇三层。着眼于不同的层次，不同的方面，语言学就有不同的分支学科。此外，人们非但说话，还使用文字。文字是声音的记录，同时又有某些特殊功能，它也是语言学的研究对象。以上学科都注目于语言的结构本身，可以说是语言学的中心，一般被称为微观语言学。具体包括以下几种类型。

（一）语音学和音系学

语音学主要研究的对象是语音的物理属性、人类的发音方法以及语言感知的生理过程等；音系学也可以叫作音位学，主要研究的是一种语言总共有多少不同的音，以及这些音之间存在的区别与联系。但是，还有一些人将语音学本身的范围扩大了，将音系学包含在了其中。

（二）形态学、造句学和语法学

研究词的构成方式和屈折方式的是形态学，也叫词法；研究如何把词组成短语或句子的是造句学，也叫句法。按传统说法，形态学和造句学合起来就是语法学，也叫语法。但是有人把"语法"的意义扩大，除形态学、造句学外，还包括语音、语义，如乔姆斯基的"生成语法"就是这样。

（三）词汇学、词源学和词典学

研究词汇项目、词汇意义、词语演变的是词汇学；追溯词的来源和历史的是词源学；搜集许多词项，把它分类、比较、注释的是词典学。中国的字典学是词典学的一个分支。

（四）语义学、结构学和语用学

研究词项与概念及指称对象的关系，揣摩各种词义的异同、正反、上下、交叉等关系，剖析整个句子或其中某些成分的意义，这是语义学。语义学如只管外延或字面意义，而不管语言从社会环境得来的意义，那仍然属于微观语言学的范畴。

师承皮尔斯、莫里斯和卡纳普学说的学者，把语言学看成符号学的一个分支。他们说，符号学包括三个部分：意义学、结构学和运用学。在一般符号学中称为"意义学"和"运用学"；在研究语言时就叫作"语义学"和"语用学"。意义学研究符号和所指客体之间的关系；结构学研究符号与符号之间的关系；运用学研究符号的意义与符号的使用者、符号的使用场合之间的关系。然而符号的客体是客观世界的各种事物，符号的使用场合是说话人所处的社会环境。一牵涉到这些，语言便再也不是一个独立自主的体系，语言研究就再也不限于微观研究，而伸展到语言之外，成为宏观语言学了。

（五）文字学

文字学这门学科主要研究的是文字的形状、体系、起源、演变以及发展。文字学对于书写的研究不仅仅局限在一个民族或者国家，而是会对世界上存在的所有不同的书写系统进行研究。但从汉语习惯来说，通常会把"文字学"当成汉语文字学的简称。

二、语言研究的边缘

语音研究、语法研究、词汇研究、语义研究、文字研究，这些是语言研究的核心。除此之外，还有许多边缘学科，进入 21 世纪以来，随着社会、经济的发展，以及诸如计算机、生物等相关学科的快速发展，这些所谓的语言研究的边缘学科，已逐渐成为语言研究的热点。

（一）语言教学与翻译

语言教学自古以来是语言研究的动力，又是语言理论发挥作用的场所。无论在中国，在印度，在希腊，最早的语言研究都是为了解释经典，教授学生。反过来说，语言研究有成绩，也会促进和改善语言教学。制定正确的语言政策，有赖于语言学的帮助；发现和仔细观察语言的历史演变，正确认识古代语言、现代语言、标准语和方言的关系，也不能没有语言学的指导。最近几十年来，语言教学法有许多改变或进步，都直接或间接与语言学界的主导思想有关。

语言教学分为第一语言教学、第二语言教学和外语教学。第一语言教学，所教的是母语。第二语言教学在双语社团中进行，既教母语，又教另一种语言，如加拿大魁北克省以法语为第一语言，英语为第二语言。在外语教学中，学生所学的是外国语言，不是本社团日常使用的语言。由于学习对象不同，教学对象不同，学习环境不同，这三种教学各有其特殊的目的和方法。

翻译自古以来是外语教学中的重要科目之一，它要求把原以某种语言写成的作品的内容用另一种语言表达出来。由于各种语言有其语音、语法和词汇系统，又有其特殊的历史、文化背景，译文很难做到与原文完全相同。翻译向来被看作一种艺术，可是现代人热衷于寻求科学方法，翻译的材料又日见增多，于是大家希望把翻译变为技术，甚至试图用机器代替人做翻译工作。这么一来，翻译就更成为语言学家的重要课题了。

（二）社会语言学、方言学以及方言地理学

语言作为一种工具，不仅仅能够传递信息，而且能够让人与人之间的感情得到联络，达到消除隔膜的目的。而且风俗之所以能够一代代传承，也是因为语言的存在。可是尽管使用的语言都属于相同的民族，但是在语音、词汇以及语法格式等方面，也会因为地区、使用者本身的社会地位、进行交际的场合以及使用目的的不同而产生差异，而这些问题就是社会语言学要研究的对象。

与社会语言学关系密切的是方言学。"方言"这个词，有两种不同的意义。自古以来，人们认为方言是民族语言的分支，因地区不同、交往不多而产生。汉代扬雄所谓"方言"就是这个意思。研究这种区域方言的学科，称为方言地理学。但是近来学者们还注意到，即使在同一地区，甚至同一城市，人们的言语也因社会阶层、职业、年龄、性别等不同而有或多或少的差异，于是热心研究所谓"社会方言"。这样的研究，与社会语言学就难分界限了。

（三）修辞学、风格学和话语语言学

这三门也都是与社会语言学交叉的学科。修辞学于公元前5世纪起源于希腊，包括雄辩术和作文法。中世纪以来，修辞学在欧洲学校里是人文学科之一。中国春秋战国时代就讲究外交辞令，后来又出了刘勰的《文心雕龙》等专书，

所以"修辞学"这个名称虽译自外语，但千百年来修辞研究在中国早已是一门重要的专门学问了。到了 19 世纪，修辞学在欧洲便成了文辞研究，在一定程度上与文艺批评合流。

20 世纪初，"风格学"这一名称被巴利（一名瑞士的语言学家）提出来了。巴利认为，风格学必须对使用语言表达情感进行相应的研究。近年来又将风格学划分为了两种，即文学风格学以及语言风格学。文学风格学与修辞学相似，而语言风格学则与社会语言学相似。

同样是在 20 世纪初期，捷克语言学家马泰休斯提出话语语言学，他关注那些比句子大的语言单位。短的如几句连贯的话，长的如整篇演讲、整本书，都是其研究对象。话语语言学一方面牵涉到语言作品的内容和使用语言的目的，另一方面又牵涉到组成篇章的手段和表达意义的手法，因此与修辞和语法都有共通之处。

（四）心理语言学、神经语言学和副语言学

人们彼此对话时有生理基础，也有心理基础。有人从语言出发去研究心理，摸索语言与感知、记忆、学习等心理作用的关系；也有人从心理出发去研究语言，企图弄清楚人如何说出话来，如何听到并理解他人的话。这些是心理语言学关注的事情。语言学家早已关心儿童学习语言的过程，但是自 20 世纪 60 年代以来，人们对小孩如何习得语言和各种不同的语言有什么共性这两个问题特别感兴趣，这是由于乔姆斯基假设人类有个"语言习得机制"，并且与瑞士著名心理学家让·皮亚杰展开过争辩，而引起了大家的注意。

研究心理学，自然不能不研究人脑的神经。探索人们学习语言、运用语言的神经学基础，试图做出人脑控制言语和听觉的模型，这是神经语言学的任务。神经语言学的材料，一部分来自临床医学，如失语现象和口吃现象；一部分来自发音语音学，注意声音、语调、舌头运动、唇部运动如何彼此协调，尤其注意说话时的失误。

有的语言学家除研究人们说出的话外，还注意他们的音质和声腔，以及与语言同时使用或者单独使用的手势和身势。这种研究伴随着语言而发生的种种现象的工作，叫作副语言学，有时也被称为伴随语言学。

（五）人类语言学和民族语言学

就像威廉·冯·洪堡所说的一样，民族语言同民族文化之间有着非常密切的关系。人们的语言习惯会受到很多因素的影响，如社会制度、宗教信仰以及亲属关系等；相反的，语言也会对这些因素产生影响，人类语言学就是专门对

这些问题进行研究的一门学科。人类语言学的出发点与人类学的相关立场一致，对语言进行研究的时候遵循的是人类学的原则。人类语言学与社会语言学交叉，尤其与民族语言学交叉，但是民族语言学只研究民族类型、民族行为程式与人们的语言之间的关系。人类语言学本身还承担着一个特殊的任务，那就是找到办法对那些因为没有文字而很难记录的少数民族语言进行记录。

（六）数理语言学和计算语言学

数理语言学是研究语言中的数学性质的学科。使用数学方法来研究语言，已经有几十年的历史。最初是统计音素、语素、词汇项目等，后来就有人根据俄国人安德雷·安德耶维齐·马尔可夫和美国人乔治·金斯利·齐夫的学说，运用数量计算学并使用各种模式来处理语言材料。20 世纪 50 年代初期，数理语言学正式诞生了。由于现代语言学要求精密化，数理科学如概率论、信息论、集合论、数理逻辑等又给它提供了强有力的工具，于是数理语言学发展很快。目前它包括三个门类：代数语言学、统计语言学和应用数理语言学。它的研究范围日益扩大，已从简单的词汇统计一直伸展到建立语言的代数模型、分析语义、探讨人工智能问题等。

数理语言学兴起约 20 年后，计算语言学也应运而生。这时计算机已发展到第 4 代，成为语言学研究的有力工具。计算语言学的目的，是阐明如何利用电子计算机来进行语言研究，其项目有统计资料，检索情报，研究词法、句法，识别文字，合成语音，编制机助教学程序，进行机器翻译等。计算机由于存储量大，计算准确，工作速度高，又能用于起稿、改稿、存储文稿和各种资料，对于语言研究有很大的帮助。

（七）哲理语言学、语言的哲理和语言哲学

最早谈论语言问题的是哲学家，现在哲学与语言学的关系更加密切。在目前的语言学用语中，哲理语言学指语言学家为解决这些问题而进行的研究，语言的哲理则指哲学家为研究语言而采用的方法。有人把两者合起来，统称之为语言哲学。但是人们又往往把语言哲学用来专指哲学家对日常语言的分析和理解。

第二章　汉语语音与教学

汉语语音不仅仅包括汉语拼音，而是汉语语音系统以及发展规律的统称。语音是语言的外壳，是语言存在的外部形式，没有语音就没有语言。语音教学不仅是汉语教学的基础，也是汉语教学的开始，通过语音教学，可以形成对语言的基本感知，建立发音习惯，为以后的学习打下良好的基础。本章主要分为汉语语音概说、普通话与方言、现代汉语语音的教学三部分，主要内容包括汉语语音的性质、汉语语音训练方法、现代汉语的普通话、现代汉语的方言、语音教学的现状、学生应具备的汉语语音学习能力、语音教学策略等。

第一节　汉语语音概说

一、汉语语音的性质

人类的发音器官是非常发达、灵活的，世界上已经发现的语言有 6000 多种，都是用同样的发音器官发出语音，这些语音的发音原理也相同，只不过不同的语言在语音的属性上各有偏重，发音器官的部位、发音方法不同，发出的音不同，表达的意义也就不同。因此，汉语语音既有语音的共性，又有其个性。

（一）物理性质

语音是声音，声音是一种物理现象。物体振动产生音波，传播到人的耳朵里，就成为人们听到的声音。一切声音可以从音高、音强、音长、音色四个基本要素去认识，分析语音也离不开它们。

1. 音高

音高是声音的高低，取决于发音体在一定时间内颤动次数的多少。颤动次

数越多，声音越高；反之，声音就越低。语音的高低同声带的长短、厚薄、松紧很有关系。女子和儿童的声带较短、较薄，发音时同一单位时间内颤动的次数多，所以声音高；男子的声带长而厚，发音时同一单位时间内颤动的次数少，所以声音低。同一个人发音有高低，是因为人们发音时能控制声带的松紧，形成不同的音高。音高在汉语里有很重要的作用，普通话里"乌""吴""五""务"的差别，主要就是音高的不同。

2. 音强

音强是声音的强弱，取决于一定时间内音波振动幅度的大小。语音的强弱同说话时用力的大小有关。用力大时，呼出的气流对发音器官的冲击力强，音波的振幅大，声音就强；反之声音就弱。普通话里"莲子"和"帘子"中的"子"，"报仇"和"报酬"中的"仇"和"酬"，它们的区别，主要就是音强的不同。

3. 音长

音长是声音的长短，取决于音波存在时间的久暂。语音的长短是指发某个音的发音动作延续的时间，同是一个"啊"的声音，表示应答时比较短，表示沉吟思索时比较长。在汉语方言广州话里"三"和"心"的区别就是音长的不同。

4. 音色

音色是声音的个性、特色，取决于音波颤动的形式。有三方面的原因造成音波颤动形式的不同：第一，发音体不同。笛子和二胡同奏一个曲调，但人们能分辨出哪是笛子的声音，哪是二胡的声音，就是因为笛子、二胡发音体各异，因此，二者的音色也就不一样。第二，使物体发音的方法不同。二胡和琵琶同是弦乐器，但前者用弓拉，后者用手弹，发出来的音色就不同。第三，发音时物体自身的状况不同。箫和笛同是管乐器，发出来的音色却不一样，这是因为二者共鸣器的形状不同所造成的。语音中音色的变化，主要由于发音器官状况的不同和发音方法的变化。比如说"啊"时口腔开得大，说"衣"时口腔开得小，念"b"时气流从口腔通过，念"m"时气流从鼻腔通过，这样就形成不同的音色。

（二）生理性质

语音是由人的发音器官发出来的，发音器官及其活动决定语音的区别。人的发音器官可以分为三大部分。

1. 肺和气管

肺是呼吸气流的活动风箱，呼吸的气流是语音的原动力。肺部呼出的气流，通过支气管、气管到达喉头，作用于声带、咽腔、口腔、鼻腔等发音器官，经过这些发音器官的调节，发出不同的语音。吸进的气流在有些情况下也起一定的语音作用。

2. 喉头和声带

喉头由甲状软骨、环状软骨和两块杓状软骨组成，上通咽腔，下连气管。声带位于喉头的中间，是两片富有弹性的带状薄膜。声带前端附着在甲状软骨上，后端分别跟两块杓状软骨相连接。两片声带之间的空隙叫声门。肌肉收缩，杓状软骨活动起来，可使声带放松或拉紧，使声门打开或关闭。从肺呼出的气流通过声门使声带振动发出声音，控制声带松紧的变化就可以发出高低不同的声音来。

3. 口腔、鼻腔和咽腔

从前往后看，口腔上部可分上唇、上齿、上齿龈、硬腭、软腭和小舌六个部位，口腔下部可分下唇、下齿和舌头三大部分。舌头又可分舌尖、舌叶、舌面三部分，舌面又分为前、中、后三部分，舌面后部我们习惯称舌根。口腔后面是咽腔，咽头上通口腔、鼻腔，下接喉头。鼻腔和口腔靠软腭和小舌隔开。软腭和小舌上升时鼻腔闭塞，口腔畅通，这时发出的音在口腔中共鸣，叫作口音。软腭和小舌下垂，口腔成阻，气流只能从鼻腔呼出，这时发出的音主要在鼻腔中共鸣，叫作鼻音。如果口腔无阻碍，气流同时从鼻腔和口腔呼出，发出的音在口腔和鼻腔共鸣，就叫作鼻化音（也叫半鼻音或口鼻音）。汉语西北方言比如西安话、兰州话就有鼻化元音。鼻腔的作用是使声音发生共鸣，要发出不同的鼻音，还要唇、舌、齿、腭等器官同时参与活动。

（三）心理性质

语言是人类的交际工具，人们用语言来交际，用语言来进行思维活动，那人们就需要能够感知到语音的存在，并且理解语音中所包含的意义。在有声语言交际中，发话首先进行语言符号编码过程，然后发出语音信号，语音信号经过媒介的传播，通过听觉器官的感知并由神经系统传送至大脑，对语音信号进行解码，人们才能感知语音的存在并理解语音信号中所包含的意义，并做出相应的反应。语言信号的发出，到人们对语言的理解，要经过一个复杂的心理过程。语言的物质外壳——语音和人类的心理活动有着密切的联系，这种联系就是语音的心理属性。

作为心理现象的语音和语音的物理属性不是一一对应的，听觉是一种主观印象，人的听觉器官和大脑听觉中枢对语音的发音和声波的感知是语音心理属

性的重要方面。从心理现象的角度去研究语音，很重要的方面就是听觉感知对语音具有很强的概括性和选择性。人类大脑中的听觉中枢在对语音进行识别时，不是直接对应语音的全部声学特征的区别，而是对听觉器官传送过来的声波信息有所过滤和筛选，只选取那些与识别语音有关的特征，其他的信息在区别意义方面不起作用。比如不同的人发出 u 这个音，或者是同一个人连续地发这个 u 音，从声学的角度来看，每次发出的音的绝对音质都是不一样的，但我们一般把它们听成一个音，感觉不出它们有什么不同。也就是说，尽管每个人的音质不同，但不会影响我们对语音的正确感知。再如汉语的声调是由音高变化决定的，人们在发出 hán（寒）这个音节时声调调值都是 35，不同的人的绝对音高是不同的，只要他是由 3 度升到 5 度，相对的变化模式一样，就不会影响理解。

人类的听觉神经如何对语音进行感知，是一个十分复杂的心理过程，要解释这个问题，我们需要对人类的认知能力有一定的认识，但是人们对认知方面的可靠的研究资料还很少，需要加强研究，如果有大的进展．对人工合成语音和通信工程都具有非常重要的意义。

（四）社会性质

人可以发出各种各样不同的声音，但是有些音算作语音，可以区别意义，有些音不区别意义甚至不能算作语音。因此，分析语音不能只从语音的自然角度进行，必须要与赋予它意义的社会联系起来。

语音的社会属性可以从两个方面观察：一是语音与语义的结合，是由社会决定的。语音之所以被称为语音，就是因为它能够表示一定的意义，而一定的音表示什么语义，也就是语言的音义结合，是由社会约定俗成的，其间并无天然的联系。这一点在第二章已经讲过了，这里不再多说。二是，一种语言（或方言）的语音系统也是由社会约定俗成的。

世界上各语言的语音各不相同，主要是两个原因造成的：一是同样的音表示不同的意义，如 ai 在汉语中表示"哀挨矮爱"等意思（声调有别），而在英语中表示"我（I）""眼睛（eye）"等意思。这是由社会约定俗成的，上文已经提到。二是不同的语言有不同的语音系统，包括有些音我有彼无或彼有我无（如汉语中有 zh、ch、sh 而英语没有，英语有［ð］［θ］等音而汉语普通话没有），也包括语音结构不同（如英语和汉语中都有 s、t，英语中两者可以连用如 study 而汉语不允许）。不同的方言也各有语音系统，彼此差异或大或小。不同的语言为什么语音系统不同？古人曾经从地理、人种等方面去解释，但都不合理。不同人种的发音器官基本相同，事实上不同种族的人完全可以发出同样的语音

（如美国的黑人和黄种人都可以说好英语）；地理因素也无法解释不同语音系统的异同。这些差异只能是不同语言社会约定俗成并继承和发展的结果。

语音的社会属性对于一个人的发音和接收语音都有重要影响。一个人在社会中学会一种语言（母语）之后，发音习惯和听音、辨音能力都会受到影响。母语中存在的音在其他母语的人看起来无论是易发的还是难发的，他都能容易地发出来；无论是其他母语的人听起来差别多么细微的两个音，他都能很清晰地分辨。这不是说不同语言的人的发音和听音器官有差异，而是受母语影响的结果。至于将听到的某个音与具体意义联系起来，就更是受其母语影响了。比如听到 ni 这个音，日本人会理解成"二"或是助词"に"，中国北方人会理解成"你""泥"等。

二、《汉语拼音方案》

1958 年 2 月 11 日，第一届全国人民代表大会第五次会议审议批准并正式公布了《汉语拼音方案》。它是我国人民创制各种汉语注音法的经验总结，是世界文献工作中拼写有关中国的专有名词和词语的国际标准。国际化和音素化是《汉语拼音方案》的两个突出优点。

《汉语拼音方案》的内容有五个部分，它采用了国际通用的 26 个拉丁字母，其中声母表、韵母表和声调符号基本上保留注音字母的读音。为了便于称呼，也为了国际友人学习的方便，《汉语拼音方案》增加了字母表（按国际使用的拉丁字母顺序排列），并参考国际上使用的拉丁字母名称以及汉语的特点制定出了它的名称。名称的特点是凡元音字母均保留注音字母的读音，如 a、o、e、i、u，不同于英语中的 a 读音。凡辅音字母多数在字母前或后加上元音，不同于英语后加 i 的浊辅音 bi［bi］、d［d］等，少数几个如 f、l、m、s 把元音加在前面，可与英语读音相同。此外，清辅音 j 后加 ie，q 后加 iu 是考虑和外语发音接近。至于 w 和 y 两个字母是用作 u、i 的音头，不充当辅音或元音，它们的名称仍与 u、i 相同，w 呼读时为 u，y 呼读为 i，r 在外语中多数带卷舌色彩，但汉语中表示辅音 r。

汉语拼音方案的用途有：第一，给汉字注音。汉字不是拼音文字，为了标记汉字的读音，人们曾采用直音法、反切法或注音字母（注音符号）。但是，这些注音法都有缺点。前两种要以认识大量汉字为基础，如果没有音同或音近的字就难以注音。注音符号曾起过一定的作用，但它不完全是音素字母，注音不够准确，书写也不够方便。《汉语拼音方案》基本上克服了上述各种缺点，

能够准确地给汉字注音。它采用国际上流行的拉丁字母，既容易为广大群众掌握，又便于国际上的文化交流。第二，作为推广普通话的工具。推广普通话，是我国进行社会主义革命和社会主义建设的需要，更是国家统一和人民团结的需要。学习普通话光靠口耳是不够的，必须有一套记音符号，以帮助教学，矫正读音。事实证明，《汉语拼音方案》正是推广普通话的有效工具。第三，《汉语拼音方案》还可以用来作为我国各少数民族创制和改革文字的共同基础，用来帮助外国人学汉语，用来音译人名、地名和科学术语，以及用来编制索引和代号等。

三、语音单位

（一）音节、音素

1. 音节

音节是构成词和句子的最小的自然语音单位，是说话、听话时最容易分辨出来的语音单位。在汉语里，基本上是一个音节代表一个语素，写成一个汉字。如：zhōngguó rénmín 是四个音节，写出汉字来就是"中国人民"。一般情况下，一个汉字表示一个音节，儿化韵除外，如 huar 是一个音节，但写出汉字是"花儿"。

2. 音素

音素是构成音节的最小的语音单位，它是从音色区别的角度划分出来的语音单位。对音节的构成成分进行分析，可以得到数目不等的音素。一个汉语音节可以由一个到四个音素组成。例如，ā（啊），wǒ（我），bāo（包），guāng（光）。这几个音节分别是由一、二、二、四个音素构成的。一般一个音素用一个字母来代表，但也有少数是用两个字母代表一个音素；或用一个字母加上附加符号代表几个音素。

（二）元音和辅音

1. 元音

元音也叫母音，发音时声带振动，气流在口腔内畅通无阻，声音响亮，可以延长，汉语共有 10 个元音，它们是舌面元音 a、o、e、ê、i、u、ü；舌尖元音 -i（前）、-i（后）；卷舌元音 er。

2. 辅音

辅音也叫子音，发音时有的振动声带，有的不振动声带，气流在口腔中受到一定的阻碍。汉语共有 22 个辅音，分别是：b、p、m、f、d、t、n、l、g、k、h、ng、j、q、x、zh、ch、sh、r、z、c、s。

（三）声母、韵母、声调

1. 声母

声母指的是韵母前的辅音，与韵母一起构成的一个完整的音节，如 niǎo（鸟），n 这个开头的辅音就是这个音节的声母。有的音节开头没有辅音，习惯上称作"零声母"，如 ā（啊）就是零声母音节。通常，辅音大多可以充当声母，但也有辅音不能充当声母，只充当韵尾，如辅音 ng 就不充当声母，只充当韵尾。因此，汉语辅音不等于声母，辅音的范围比声母大。

2. 韵母

韵母是指音节中声母后面的部分，如 nán（南），n 后头的 an 就是韵母。有的韵母由单元音或复元音构成，如 a、o、ai、iao 等；有的韵母由元音加辅音韵尾构成，如 en、ong、uan、iang 等。可见，韵母不等于元音，韵母的范围比元音大。

3. 声调

声调指的是语言的音调变化，在现代汉语语音学中，声调是指汉语音节中所固有的，可以区别意义的声音的高低，汉语的声调有阴平、阳平、上声、去声。例如，"好"读起来先降低然后再升上去，这种先降后升的音高变化形式就是音节"好"的声调。

四、汉语语音训练方法

（一）训练单位由小到大，设置语境，循序交替

语音训练单位小至音素、大至语篇，都是学习中不可缺少的部分，其最终目的也都是为语言的交际和传播服务的。语音教学不能脱离交际环境，因此训练字词语音的时候，可以加入一些语境设想，用不同的语气色彩表达，防止单一色彩的固化。

小单位训练是雕琢打磨标准音的基础，不能忽视，但标准音并不是唯一的，它有其相对范围，只能在语流语境中才能有充分的表现。只重视静态训练常见

的弊端是，基本音节发音已有明显提高，但在语句和日常交际中显现不出来，不能立竿见影。比较好的方式是，进行字词这样的小单位训练的时候，要兼顾句子、语段、语篇的大单位训练，安排好两者的时间和步骤。从小到大，循序渐进；由大到小，逐步细化；大小循环，交替反复练习。这样可以提醒学习者在交流表达的时候 注意改正自己原有的发音习惯。例如，"太好了"这句话，"太"字的韵母在语境中受感情色彩的影响，口腔开度和舌位动程就会有所不同。热情肯定的语气，ai 的发音口腔开度大，音长长，动作明显。如果是敷衍的语气，口腔开度小一些，音长短一些，动作也没有前者明显。

汉语的四声虽然固定，但在语流中会有不同的调域变化。这个变化会因不同的表达形式而千差万别。如果将四声练成了某种唯一的音高音长形式而不能改变，势必会造成音节间的艰涩而使得语句缺乏流畅度。如"卧似一张弓，站似一棵松，不动不摇坐如钟，走路一阵风"，每一句末尾音节都是阴平，若按照单音节第一声练习发音并没有错，但听起来会觉得不够生动，所以，在语境中，我们就可以练习不同调域中阴平的变化。"弓"的发音想象卧姿，可以发得长而稍低；"松"则受直立形象的影响，发得稍高且短促；"钟"要表现稳定感，音长较长；"风"要突出动感，适宜发成比较短的声音。

（二）有针对性地练习

各方言区在发音方面存在的问题可能是不一样的，因此应该有针对性地进行练习。进行针对性练习的时候应该要注意的方面：首先是要将问题找出来。学生应该依靠老师的指导，将自己在发音方面的问题找出来，以此让老师可以具体问题具体分析，纠正学生的发音。其次是应该重视老师对理论知识的讲解。这也就是说，学生应该记住一些与语音相关的基础知识，以此促进自身发音的改正。最后是应该对练习的量进行保证。找出正确的发音只是开始，要想让其成为自己的习惯，就应该进行大量反复练习。除了课堂上的发音学习、矫正和巩固练习外，最重要的是日常语言运用练习，因为日常语言交际，是占时间最长、语言用量最大的语用场。实践过程不仅是练习发音过程，也是锻炼提高听辨力的过程；不仅要自我听辨指导，还要听辨他人的语音。听辨能力越强，对自己的发音调整得越有效。

（三）练习发声技巧，提高发音质量

1. 练习吐字归音，提高发音清晰度

清代徐大椿《乐府传声》中有这样一段对吐字归音研究的记述："喉、舌、

齿、牙、唇，谓之五音；开、齐、撮、合，谓之四呼。欲正五音，而不于喉舌齿牙唇处着力，则其音必不真；欲准四呼，而不习开齐撮合之势，则其呼必不清。所以欲辨真音，先学口法。口法真，则其字无不真矣。"吐字归音的练习，其重要作用是使得字音清晰、富有弹性、适合表情达意的需要。例如，吐字归音讲究出字有力，发音除了部位准确，还要适当把握咬字力度，成阻和除阻力量要适度，零声母前的附加字头也应保持力度，否则会混淆音节间的界限，导致音节模糊，语意不清。

2. 改进口腔整体状态，提高语音质量

练习对发音器官的有效控制，改进口腔整体状态，使语音质量可以从发得准、发得美两个层次加以改善和提升，不仅使声母的发音部位准确，韵母的动程鲜明，还可以便发音圆润不干涩，集中不散漫，符合语音审美要求。

3. 增强气息运用能力，提高表达流畅度

气息是语句连贯的基础，是感情色彩变化的依托，吐字发音的准确、轻巧、清晰、流畅在一定程度上也依赖于气息的运用。汉语口语测试中，在短文朗读部分，如果换气不当，或气息运用能力欠佳，会导致停顿不当，从而语义断裂甚至改变语义，语势平淡，重音不突出，表义不鲜明，语调生硬，整体语篇表达不流畅等多种情况发生，因此要重视对气息运用能力的训练。

第二节　普通话与方言

一、汉代汉语的普通话

（一）普通话的含义

1955 年，中国科学院召开了现代汉语规范问题学术会议，研究了各地方言，确定了现代汉民族的共同语，并把它称为普通话。1956 年，国务院颁布了《关于推广普通话的指示》，正式确定了普通话这一名称，并且规定：普通话以北京语音为标准音，以北方话为基础方言，以典范的现代白话文著作为语法规范。这一规定是符合客观实际的。

从 1153 年金迁都北京以来，元、明、清三个朝代的首都都建在北京，不仅使北京成为全国的政治、经济、文化中心，也使北京话获得了"官话"的地位并影响全国。同时，文化的影响也对北京语音的传播起了积极作用。例如，

元代的杂剧，明清时的《水浒传》《西游记》《红楼梦》《儒林外史》等著名小说，都是用北方话写成的。北方白话作品的流传扩大了北方语言的使用范围。加上清政府曾在福建、广东设立正音书院，教授"官话"，"五四"以后又掀起白话文运动，这都使北方话获得了更广阔的使用空间。以至到了 20 世纪五六十年代，从东北的哈尔滨到西南的昆明，从东南的南京到西北的酒泉，在这个广大地域中，人们使用的都是北方话，使用北方话的人口占到了整个汉民族总人口的 70%以上。因此，可以说，这一规定既是对我国汉民族语言的历史继承，也是客观的和科学的。

这里要指出：普通话是超方言的，不能认为北京土话就是普通话。所谓"以北京语音为标准音"，是指以北京话的语音系统作为普通话的语音系统。至于北京话的土音成分，1985 年《普通话异读词审音表》确认以外的字、词读音，则不是我们要推广的普通话。所谓"以北方话为基础方言"，是说普通话是在北方方言的基础上形成并逐渐发展起来的，北方话的词汇是普通话词汇的基础和主要来源。至于北方方言中的一些土话，如"地板"（地）、"抄手"（馄饨）、"老爷儿"（太阳）、"撂脖儿沉—沉儿"（稍微等一等）等土俗词语，普通话都是舍弃不取的。不仅如此，普通话还从其他方言中吸取富有表现力的词语，吸收一些有生命力、有表现力的古语词和外来词，不断充实普通话的词汇。所谓"以典范的现代白话文著作为语法规范"，是说普通话的语法不以北方话或北京话的口语为标准，而是以具有广泛代表性的现代白话文著作作为语法规范。这个语法规范是指典范的现代白话文著作中的"一般用例"，也就是最具有普遍性的用例。这些用例排除方言语法中没有用的东西，吸收方言语法、古代语法、外国语法中有用的有生命力的语法成分，使我们的语言表达更为精密、准确、富有表现力。

（二）汉语规范化和推广普通话

1.现代汉语的规范化

（1）汉语规范化

语言规范作为一种社会现象，是社会群体行为趋同性的自然表现，普通话可以消除汉语方言之间的隔阂，可以沟通国内各民族之间的广泛联系，加强国家统一和人民团结。为推动国家通用语言文字的规范化、标准化及其健康发展，使国家通用语言文字在社会生活中更好地发挥作用，促进各民族各地区经济文化交流，根据宪法，制定了《中华人民共和国国家通用语言文字法》，该法自 2001 年 1 月 1 日起施行。

（2）现代汉语规范化的标准

1956 年国务院发布《关于推广普通话的指示》，确定现代汉民族共同语是"以北京语音为标准音，以北方话为基础方言，以典范的现代白话文著作为语法规范的普通话"。

①语音：以北京语音为标准音。共同语的语音通常总是以基础方言代表话的语音系统为标准。因为在大方言区内，语音系统并不完全一致，既不能人为地兼采不同语音系统的语音作为标准，也不能以北方话整个地域的语音为标准。"以北京语音为标准音"，是就北京话的语音系统而言的。并不是说每一个字、每一个词都以北京的语音为标准，一些土音成分要排除；一些有分歧的读音比如异读，也要经过审订决定其取舍。例如，北京话里"比较"既读"bǐjiào"也读"bǐjio"，《普通话异读词审音表》将"bijiào"定为规范的读音。北京话的轻声、儿化问题，比较复杂，同样需要加以规范。

②词汇：以北方方言为基础。北方方言是现代汉语的基础方言，北方方言词汇是共同语词汇的基础和主要来源。共同语要舍弃基础方言中过于土俗的词汇；要从其他方言里吸收所需要的有表现力的词汇，如来自吴方言的"尴尬""名堂"；也要从古代汉语里继承仍有生命力的古语词，如"华诞""兹"；还要从其他民族语里吸收外来词，如来自蒙古语的"站""驿站"，来自英语的"的士"（taxi）、"摩托"（motor）。与此同时，我们要注意避免生造词带来的混乱。

③语法：以典范的现代白话文著作作为语法规范。语法规范是以北方方言为基础的，因为这些著作是以汉民族共同语写成的。选取书面语为标准，这是因为经过提炼的规范化的民族共同语的集中表现是文学语言，文学语言的主要形式是书面语言。"典范的著作"，指具有广泛代表性的著作，这种著作有它的稳固性，可以把规范的标准巩固下来，便于遵循。"现代白话文著作"，与早期的白话文著作相区别，因为语言在不断发展，宋元时代的白话文与五四时期的白话文在语法方面已有明显不同。语法规范还必须是典范的现代白话文著作中的一般的并具有普遍性的用例，要舍弃个别的特殊的或者不纯洁的用例。

2. 推广普通话

普通话是现代汉民族的共同语。《中华人民共和国宪法》第十九条中规定："国家推广全国通用的普通话。"在新时期里，推广普通话就更为重要。首先，推广普通话可以进一步消除方言隔阂，减少不同方言区人们交际时的困难，有利于社会交往，有利于国家的统一和安定团结；其次，在社会主义现代化建设

的新时期，文化教育的普及和提高、科学技术的进步和发展、传声技术的现代化、计算机语言输入和语言识别问题的研究，都对推广普通话提出了新的要求；最后，随着对外开放政策的贯彻执行，国际往来和国际交流越来越多，进一步推广普通话，可以减少语言交际的困难，促进国际交往。

20世纪50年代确定的推广普通话的工作方针是"大力提倡，重点推行，逐步普及"，推广工作展开之后取得了可喜的成绩。但是，推广普通话是一项长期的、渐进的工作，普及普通话的任务，至今还远未完成。80年代进入社会主义建设新时期，形势有了很大的变化，国家对推广普通话工作的重点和实施的步骤都相应做了一些调整。今后执行的推广普通话的方针应该是"大力推广，积极普及，逐步提高"。目前，我们应该做好以下四点：第一，以汉语授课的各级学校使用普通话进行教学，使普通话成为教学语言；第二，县以上各级以汉语播放的广播电台、电视台均须使用普通话，使普通话成为宣传工作的规范语言；第三，全国机关团体、企事业单位进行公务活动时必须使用普通话，使普通话成为工作语言；第四，不同方言区及国内不同民族的人员交往时使用普通话，使普通话成为全国的通用语言。为了更加有效地推动推广普通话工作，加快普及过程，不断提高全社会的普通话水平，中央有关部门做出决定，对一定范围内岗位人员进行普通话水平测试；并从1995年起，逐步实行按水平测试结果颁发普通话等级证书的制度。测试的对象包括：县级以上广播电台的广播员、节目主持人、普通话教师、影视演员和有关院校的毕业生，以及中小学教师、师范学校教师和毕业生。对上述岗位人员逐步实行持普通话等级证书上岗制度，成立国家普通话水平测试委员会，负责领导全国各地测试工作，指导各地按照《普通话水平测试实施办法（试行）》和《普通话水平测试等级标准（试行）》的规定进行工作。普通话水平测试是推广普通话工作的重要组成部分，是使推广普通话工作逐步走上科学化、规范化、制度化的重要举措。

二、现代汉语的方言

现代语言有广义和狭义之分，广义的现代汉语是指现代汉民族共同语及其地方变体（方言）、社会变体、功能变体、个人变体等；狭义的现代汉语专指现代汉民族共同语，即以北京语音为标准音，以北方方言为基础方言，以典范的现代白话文著作为语法规范的普通话。现代汉语的内涵，可以从现代汉语的方言、共同语以及表现形式等方面进一步理解。

（一）方言

方言也叫地域方言，俗称地方话，是一种语言的地方变体，是某一地区的人们使用的语言。方言是语言随着社会的分化而分化所形成的必然结果。在各地区保持相对独立、社会实际上处在一种半统一或半分离状态的情况下，由于受自然条件的限制，不同地区的政治、经济、文化联系逐渐减少，加上语言为适应分化后的社会群体的需要，必然改善内部结构，这种内部结构在不同的地区不可能完全一致，于是产生了区别，时间一长，便形成了方言。

（二）现代汉语的方言分区

汉语的历史悠久，汉语方言的发展过程漫长而复杂。早在《左传》《孟子》里，已有齐语、楚语之分，这说明远在战国时代北方汉语和南方汉语已有明显差别。西汉扬雄的《方言》就已把西汉时期的方言划分为13个。当前，现代汉语的方言主要分为七大类。

第一，北方方言。以北京话为代表，是现代汉民族共同语的基础方言，分布在我国长江以北的广大地区、长江南岸九江至镇江的沿江地带、湖北（东南角除外）、四川、云南、贵州、广西西北部、湖南西北角。在汉语各方言中，北方方言分布地域最广，使用人口最多。内部一致性比较强，从东北的哈尔滨到西南的昆明，从东南的南京到西北的乌鲁木齐，都能通话。这么多的人口，这么大的地域，语言这样一致，在世界上是很少见的，使用人口约占汉族总人口的73%。

第二，吴方言。分布在上海市、江苏省长江以南镇江以东地区（不包括镇江）、南通的小部分、浙江的大部分。典型的吴方言以苏州话为代表。吴方言内部存在一些分歧现象。杭州曾做过南宋都城，杭州城区的吴语就带有浓厚的"官话"色彩。吴方言使用人口约占汉族总人口的7.2%。

第三，湘方言。分布在湖南省大部分地区（西北角除外），以长沙话为代表。湘方言内部还存在新湘语和老湘语的差别。新湘语通行在长沙等较大的城市，受北方方言的影响较大。湘方言使用人口约占汉族总人口的3.2%。

第四，赣方言。赣方言区包括江西省大部（东北沿江地带和南部一部分除外）。使用人口约占汉族总人口的3.3%。

第五，客家方言。以广东梅县话为代表。客家人分布在广东、福建、台湾、江西、广西、湖南、四川等省（自治区），其中以广东东部和北部、福建西部、江西南部和广西东南部为主。客家人从中原迁徙到南方，虽然居住分散，但客家方言仍自成系统，内部差别不太大。四川客家人与广东客家人相隔千山万水，

彼此可以交谈。客家方言使用人口约占汉族总人口的 3.6%。

第六，闽方言。现代闽方言主要分布区域跨越六省，包括福建和海南的大部分地区、广东东部潮汕地区、雷州半岛部分地区、浙江南部温州地区的一部分、广西的少数地区、台湾地区的大多数汉人居住区。闽方言使用人口约占汉族总人口的 5.7%。闽方言可分为闽东、闽南、闽北、闽中、莆仙五个次方言。其中最重要的是闽东方言，分布在福建东部闽江下游，以福州话为代表。闽南方言分布在闽南二十四县、台湾及广东的潮汕地区、雷州半岛、海南省及浙江南部，以厦门话为代表。

第七，粤方言。粤方言以广州话为代表，当地人叫"白话"，分布在广东中部、西南部和广西东部、南部的约一百来个县以及香港、澳门特别行政区。粤方言内部也有分歧，四邑（台山、新会、开平、恩平四县）话、阳江话和桂南粤方言等都各有一些有别于广州话的语音特色。粤语言使用人口约占汉族总人口的 4%。

（三）汉语方言之间的差异分析

1. 语音的差异分析

汉语方言之间存在明显的语音差异。就声母来说，有的有成套的古浊音，有的古浊音少；有的分 zh、ch、sh 和 z、c、s，有的不分；有的分 ji、qi、xi 和 zi、ci、si，有的不分；有的分 n、l，有的不分。以韵尾而论，有的有 m、n、ng、b、d、g 等韵尾；有的分 n、ng，有的 n 和 ng 不完全分别，有的甚至没有韵尾。各方言有的声调也不相同，少则 3 个，多则 10 个；调类相同的，调值未必相同；各方言声、韵、调的配合规律也不一样。

2. 词汇的差异分析

汉语方言在词汇上的差异也比较明显。例如，北京叫"白薯"的，济南叫"地瓜"，太原叫"红薯"，西安叫"红苕"，宝鸡叫"红芋"，武汉叫"苕"，扬州叫"山芋"，广州叫"番薯"。汉语方言的词汇差异主要表现在以下三个方面。

（1）词形差异

词形差异表现在词根、词缀或语素顺序三个方面：首先看词根差异。"吃饭"的"吃"，梅县、广州和福州等地说"食"；"狗"，福州说"犬"；"书"，厦门说"册"；"锅"，苏州、温州、广州、梅县人说"镬"，福建人说"鼎"；"闻"，南昌、温州说"嗅"，梅县、厦门说"鼻"；"喝"，广州人说"饮"；"走"，梅县、广州、厦门说"行"；"跑"，广州、厦门说"走"；"眼睛"，潮州说"目"；"眉毛"，潮州说"目毛"；"翅膀"，温州、广州、厦门、潮州说"翼"；"筷子"，温州、厦门、福州说"箸"。其次看词缀差异。"鼻子"，苏州、杭州说"鼻头"；"锄"，武汉、广州、厦门说"锄头"；"金子"，温州、潮州、福州说"金"；"木头"，广州说"木"。最后看语素顺序差异。"客人"，长沙、南昌、梅县、广州、厦门、福州说"人客"；"公马、公驴、公羊"，广州、厦门说"马公、驴公、羊公"；"母马、母驴、母羊"，厦门、福州说"马母、驴母、羊母"。

（2）词义差异

词义可以划分为两个方面，即理性意义以及非理性意义。而非理性意义还可以划分为三方面，即感情、语体以及形象色彩。首先对理性意义进行分析，在不同的方言中，词义可能会具有大小不同的范围。例如，苏州话"馒头"和"包子"不分，都叫"馒头"，要区别，"馒头"叫"大包子馒头"或"实心馒头"；长沙话"苍蝇"和"蚊子"都叫"蚊子"，要区别，"苍蝇"叫"饭蚊子"，"蚊子"叫"夜蚊子"；梅县、广州、厦门和福州"肥"和"胖"不分，都叫"肥"。其次对非理性意义中的感情色彩差异进行分析。"老头儿"和"老头子"，北京话和济南话前者带褒义，是爱称，后者带贬义，是憎称；合肥、扬州和南昌只说"老头子"，没有贬义。再次看语体色彩差异。官话方言里偶尔也说"何如""未曾""见笑""系"（某某人系陕西凤翔县人），显得文言味很重，带有书面语色彩，但在福州（何如：怎么样）、莆田（未曾：还没有）、厦门（见笑：羞耻）、广州（系：是）都是十分通俗的口语。最后看形象色彩差异。"萤火虫"，苏州话叫"游火虫"，南昌叫"夜火虫"；"香蕉"，梅县、厦门、潮州又叫"弓焦"；"黄瓜"，厦门叫"刺瓜"，潮州叫"吊瓜"。

（3）形义无关

有些概念在某些方言用一个词表达，在某些方言必须用短语来表达，或者根本不存在这个概念。例如，"回家"在一些方言里没有相对应的词，凤翔话只能说"回来""回去"，上海话只说"转去""转来"，厦门话只能说"倒去""倒来"。又比如，上海话的"拆烂污"比喻不负责任，把事情弄得难以收拾，西安话中就没有相对应的说法。

3. 语法的差异分析

语法结构相对来说是固定的，产生的差异比较小。主要表现在量词的使用、某些句子的不同格式以及语气词等虚词的运用上。例如，说普通话"吃饭了吗"，云南方言部分说"吃吃饭了"；普通话说"一个人"，四川方言部分说"一块人"，

云南方言部分说"一根人";普通话说"你先走,他后走",广西柳州话说"你走先,他走后"。

第三节　现代汉语语音的教学

一、语音教学的现状

语音从甲的口中说出,通过空气进行传播,进入乙的耳朵中,一旦发出就不再存在。要想对这种既抓不住也摸不着的现象进行说明与分析,是非常不容易的。在现实生活中,常常会有教师和学生表示,语音教学十分枯燥、缺乏趣味,发音原理相对来说比较不容易理解,且在教学和记忆方面也比较困难。同时,产生的教学效果也不是特别明显,远远不能达到教学目标要求,语音教学所处的地位也变得越来越低,受重视的程度也越来越低。语音教学的现状主要表现在以下两方面。

(一)语音教学内容重复

现代汉语课程的语音教学一般包括语音概说、声母、韵母、声调、音节、音变、方言辩证、语调、音位等内容,其中声母、韵母、声调、音节等内容,从学习语文开始就作为基础知识系统重点地学习过,而到了大学期间,汉语言文学等专业的现代汉语教材仍然在讲授这些内容,与之前所学重复,学生没有新鲜感,在学习的过程中就会产生厌烦情绪,从而轻视这门课程。这是从历时的层面加以探讨的,我们再看共时层面。我国高等院校汉语言文学专业、古典文献专业、应用语言学专业(中文信息处理专业)、对外汉语专业、文秘教育专业的语言类课程主要涉及"现代汉语""语言学纲要""教师口语""古代汉语""音韵学"等。这些课程的教学内容有大量的重复与交叉,很多内容如出一辙,使学生对语言类课程的学习兴趣不高。

(二)语音教学安排时间较少

现代汉语是一门基础课,包括绪论、语音、文字、词汇、语法、修辞、语用等几个部分,一般是6学分,108学时。其中的语音教学大概18学时,安排2～3周时间进行集中学习。由于学习时间较短,学生在头脑中无法对语音这部分基础知识树立起比较牢固的形象。语音基础没有打好势必影响今后其他部分内容的学习。而且由于语音基础知识的学习时间较短,学生的学习效果难以达到语音的教学要求。

二、学生应具备的汉语语音学习能力

学生之所以要学习知识，是为了让自身相应的能力能够得到锻炼，让学习的效率得到提高，从而提高汉语水平，而不是为了让自己成为一个知识的储存仓库。在进行汉语语音学习的时候，学生应该基于老师对自己的指导，注重对以下三方面能力的培养。

（一）语音识别能力、模仿能力

很多人在学习汉语语音时不重视自己语音识别能力的培养，实际上，人类识别语音的能力和发音能力密切相关。儿童先要听懂了话才能学会说话，聋哑人不会说话，大部分不是发音器官有毛病，而是耳朵听不见声音才无法学会说话，所以才会有"十聋九哑"的现象。因此，语音识别能力先于发音能力。长期严重耳聋的人，即使耳聋前会正常说话，耳聋时间长了，往往会出现某些音发不准的现象，这是识别能力对发音产生了影响。因为听不见自己发的音，无法获得声音反馈进行声音调节。发音能力对识别能力造成的影响是，对自己能发的音易于识别，自己不能发的音就不容易分辨。无论是学习外语还是汉语，语音学习不仅要识别自己不能发的音，还要学会发出这些音。

模仿以听辨识别为基础，有好的听辨能力，才有较高的模仿能力。学习汉语语音，首先要认真地听辨自己的方言音和汉语发音之间的细微差别，两相比照后学习模仿汉语发音，听到自己的发音反馈后再进行发音调节，如果听不出区别，就无法进一步学习。听辨和模仿能力都可以通过训练在实践中得到提高。语音的模仿除了要注意局部模仿和整体模仿相结合外，还要注意在有利的语言环境中逐步内化，培养语感。

（二）语音知识理解能力、发音器官控制能力

"学习汉语多读、多练、多说就行了，语音知识枯燥无聊，汉语测试又不考，根本没什么用。"这是在生活和教学中，不少人说过的类似的话。主观上有这种想法，所以很多人不愿深入理解和记住对发音有重要指导作用的语音知识，以至于学习没有效率。方言区的成年人要想加快汉语学习速度，仅靠听觉上的自然模仿是不够的，掌握一定的汉语语音知识，了解声音的发音部位、发音方法以及声学特征、韵律特质等，就会知道方言和汉语语音的具体区别在哪里，调节自己常年说方言音的发音器官，发出标准的汉语语音，这当然比全凭自然模仿有效得多。

语音知识的理解能力，不仅指正确理解语音知识的能力，还指一种认知能

力，即理解学习语音知识是更快学会汉语语音的一个途径。我们习得自己的第一语言后，在使用时可以不用考虑，也不用有意识地感觉发音器官是如何配合才发出语音的，但要学习与第一语言语音有区别的发音，就要控制发音器官，把它们配合到正确的位置来发出正确的音。说方言的人学习汉语，必须要了解与汉语语音相关的发音器官，以及这些器官相互配合后会产生什么样的音。例如，有些方言区的人"姿、知""催、吹""四、十"不分，其实是这几组字前字的声母"z、c、s"和后字的声母"zh、ch、sh"的发音部位没有配合到位造成的。要发对音，就要了解并控制自己的发音器官，并通过训练使它们相互配合，养成正确的发音习惯。

（三）语言感受能力、声音调节能力

要让有声语言展现其感染力，就需要提高学习者对语言的感受能力和对声音的控制能力。有声语言是由文字语言转化或由内部语言外化而来，都遵从言为心声的原则，需要我们用心去感受。语言的感受能力是将语气变化实现在声音形式上的基础。声音的抑扬顿挫、轻重缓急是心灵情感的流露，也是在语言感受的基础上对语音的调节和驾驭，需要在实践中磨合。

刚刚学习汉语的人在语言交际的过程中，或许都会遇到这样的情况，讲话的兴致很高，但是却不能将自己真实的情感用汉语表达出来，需要借助自己从小使用的语言，才能完完整整地将意思或情感表达出来。之所以会产生这样的状况，不是因为使用汉语不能达到想要的效果，而是因为说话者本身对于汉语应该表现的表情、示意以及语气等变化掌握与训练得还不够，必须要增强自己在声音调节能力上的训练。

声音的变化表现为音高、音长、音强、音色的变化，表现为语流中的轻重停连、语调节奏的变化，这些主要依赖于口腔共鸣器的变化和对气息状态的控制，调节声音变化可以使之适应不同的内容、不同的环境、不同的感情，以达到塑形、表意、传情的目的。

总体说来，就是在教师教和学生学的过程中，要注重学生语感能力的培养。吕叔湘先生曾把语感分为：语音感、语义感、语法感。结合有声语言的表达实际，分析有声语言的语感构成，其包括：①发音感，主要指对声母、韵母的语音标准程度的控制，对字词调、语调的把握，对吐字清晰度、灵活度的驾驭。②用声感，主要包括用气感、口腔控制感、喉部控制感、共鸣控制感。做好这些控制，就可以调节声音，对内容做出准确、生动的表达。③语气感，指用不同的语气塑形、示意、表情，以适应不同内容、语体、语境的需要。④语流感，

指对有声语言进行有效组织，把控语调、节奏，使整体表达流畅自然。⑤语义感，指用有声语言表义的能力，包括选词、用句准确恰当，语段、语篇条理清晰，感情基调表达得体，并用停连、重音形式突出表义重点，使听者对所表达的语义有一个明晰的判断。

三、语音教学策略

（一）从兴趣入手

"兴趣是成功的一半"，因此教师在教学中要从兴趣入手。如在讲到语音四要素的时候，"音高"定义为"声音的高低"，即使没有这样的定义，学生也会知道是声音的高低。如何加深学生的印象？教师可以从音乐入手，所谓的音高就是指频率。我们可以把世界上的经典海豚音，播放给学生听，并把不同歌手的歌声放给学生听，让学生来判定哪些高哪些低。在此基础上教师可以引导学生，如果在唱歌时想发出比较高的音节怎么办呢？我们的声带要绷紧，要用假声，什么是假声学生也就理解了。在此基础上给学生听一听周杰伦的歌曲，让学生找出哪个字的音最低，当声音低到最低点的时候，就是我们所说的嘎裂声了。由此学生对音高就有了更为直观的认识，记忆自然就深刻了。

当然对于语音软件比较欠缺的学校来说，教师在选取歌曲的时候，一定要注意一点，即歌曲的音高区分度要明显，让学生一听就能够明显地感觉到它们之间的差异。而在这个教学过程中，如果能够结合实验语音学的软件效果就会更好。讲韵母的时候，给学生一些古代诗歌，让学生体会诗歌的音韵美，同时讲授如何使用韵母，让学生运用所学的知识，写出比较简单的诗歌。当讲到声调的时候，可以播放《水调歌头·明月几时有》给学生听。

（二）从思想上重视语音

语音部分的学习之所以枯燥，更多的是思想上没有重视起来，学生认为已经学过了，而有些教师也有着同样的思想，再加上教育部《现代汉语教学大纲》明确规定：现代汉语课贯彻理论联系实际的原则，系统讲授现代汉语的基础理论和基础知识，加强基本技能的训练，培养和提高学生理解、分析和运用现代汉语的能力，为他们将来从事语文教学工作和现代汉语的研究工作打好基础。所以现代汉语课中语音部分也就更容易被忽视。

比如国际音标部分，很多教师就认为，这一部分的知识如果从事语文教学根本用不上，因为中小学中目前还没有国际音标的教学，加上国际音标本身比

45

较难，所以很多情况下，教师采取放弃的态度，或者仅仅告诉学生你们要记住。而老师的态度必然会影响到学生。其实这里的"语文教学工作"的范围可以扩大一些，除了对中国学生的语文教学工作之外，还有对外国学生的语文教学。随着对外汉语教学的蓬勃发展，更多的外国人来到中国，为了与中国人交流、沟通，他们会首先学习我们的汉语。以我们学习英语为例，首先学到的是音标，音标就是告诉你这个音该怎么读。国际音标是全球通用的，所以反过来，当他们学习汉语的时候，也必须通过这样一种方式来记住汉语的音。从这一角度讲，学习国际音标就有了比较重要的作用。

（三）采用灵活的教学方法

教师讲课，学生听讲，这是传统的教学方法，很容易就会造成讲课的人滔滔不绝地讲，但是听课的人往往会觉得十分乏味，甚至有可能昏昏欲睡。怎么才能在有限的时间，将更多的知识传授给学生，并且让学生掌握，变成了一个难题。要想解决好这个难题，教师才是最关键的因素。

我们以韵母部分的教学为例。韵母一共39个，课本上对单韵母是从舌位的高低、舌位的前后、唇形的圆展三方面来区别的。教师按照课本讲完了，学生也记住了。教师课后采取练习的方式，让学生大段大段地练习，可是效果依然不是很明显。比如，有的学生不会发"u"这个音，老师会用手型的方法告诉他，舌头在哪个位置，嘴唇怎么样，但是学生当时能发出来，过后又忘记了。最好的方式是用类比的方法，告诉学生如果你会发i，那么在发音时气流不要断，同时把你的嘴唇由不圆变成圆的，自然"u"这个音就出来了。

声母部分，收集一些外国学生说普通话的语音资料，让学生听，通过听让学生感知他们声母部分发音的错误，如学生会发现外国学生经常将"zh、ch、sh"读成"j、q、x"。首先让学生凭借自己的感觉说出这两组音的区别，也可以一个一个地比较，比如先比较"zh"和"j"，学生就会说舌头的位置不一样，这样教师就可以引导学生，从舌头的位置把声母分成七大部分。学生还会发现"j"和"q"外国人也经常发错音，但是教师会发现，这两个音的区别学生就没有那么明显地感觉出来了，教师可以从这个角度引导出声母的另一种分类，即送气和不送气。利用一些错误语料的方法，能更好地引导学生，并让学生更好地理解教师所讲的内容。所以现代汉语语音的教学，教师要发挥主导性作用，引导学生，而不是满堂灌。要让学生愉悦学习，学有所悟，学有所获，完成课程教学任务。

第三章　汉字与教学

汉字是汉语的记录符号，是世界上最古老的文字之一，是中华民族的国语，具有十分深厚的文化底蕴，学好汉字是学好汉语的前提条件。本章主要分为汉字概说、汉字文化与书法艺术、现代汉语书写的教学三部分，主要内容包括什么是汉字、汉字的起源、汉字的特点、汉字与汉语的关系、汉字的演变过程、汉字演变中的书法起源与发展、书法艺术走向繁荣的原因、汉字书写教学的现状、汉字书写教学的策略等。

第一节　汉字概说

一、什么是汉字

1899 年，北京的一位古文字学家在家中服用中药时，注意到一种名为"龙骨"的药材的硬片上有类似文字的符号，经过考证发现这就是最古老的汉字，也就是大约 3400 年前的汉字——"甲骨文"。甲骨文在殷商时代就已经是成熟的记录汉语的文字。今天能看到的最可靠的最早的文字资料是公元前 14 世纪到公元前 11 世纪商代后期的甲骨文和金文。

现在大家都公认，汉字是世界上现存的历史最悠久的文字。这包含两层意思：一是说汉字是世界上最古老的文字之一；二是说汉字是世界上最古老的文字中唯一依然"活着"的文字。世界上虽然还有其他的跟汉字同样古老甚至更古老的文字，但不管是古代两河流域的楔形文字（又名钉头字）、苏美尔人创造的苏美尔文字，还是古埃及的圣书字，都最迟在公元后不久就消亡了。目前仍在广泛使用，或者说仍在使用的古代文字，就只剩汉字一种了。汉字历经了"甲骨文→金文→小篆→隶书→楷书"的字体演变和社会的发展变革，可以说是世

界文字中当之无愧的"老寿星",而且从汉字使用的人数之多和地域之广来看,更可以说汉字是"返老还童,老当益壮"。

甲骨文和金文几乎是同时代的,可能只是使用场合和书写材料不同形成的不同字体。它们都已经是相当成熟的文字,象形程度高,也就是图形性较强,没有完全线条化。小篆是由春秋战国时代的秦国文字逐渐演变而成的,是秦始皇统一中国(公元前221年)后推行"书同文"政策后的规范化汉字,通行于秦代和西汉前期。小篆与甲骨文、金文相比,笔画大大简省,线条化程度也更高。但因小篆圆转弯曲的笔形依然很多,书写和镌刻费时费力,因此在汉字简化趋势冲击下,小篆很快就让位于隶书和楷书。隶书和楷书使汉字真正变为笔画体的文字。楷书大约在东汉末年形成,魏晋时期逐渐成熟,隋唐时期在一定程度上规范化。楷书创立后不久就出现了印刷术,从此汉字的字体也就基本稳定了下来,楷书成为千年来一直被官方所采用的正式字体。至于行书和草书,则是一种流线型汉字,它们不是普遍通行的规范汉字,可以把它们看作汉字的一种别体。

二、汉字的起源

关于汉字的起源,有多种传说。

(一)结绳说

结绳,就是在大大小小的绳子上打各种不同的结,远古先民用这种方法帮助记忆,处理日常的生活事务。文字产生以后,就不再使用结绳记事了。《周易·系辞下》:"上古结绳而治,后世圣人易之以书契(文字),百官(百姓)以治,万民以察。"结绳和文字的联系是都能记事,所以人们认为文字源于结绳。但是结绳只是一种视觉的记事符号,只能传递一些简单的信息,它的记录功能很弱,不像文字一样能够突破时空局限。

(二)八卦说

这种传说认为汉字产生于八卦的卦象。例如,乾卦为天字的古文,坤卦为地,坎卦为水,离卦为火,巽卦为风,震卦为雷,艮卦为山,兑卦为泽。我们认为,八卦是古代文化发展到相当高的程度的产物,应该产生于文字之后。

(三)仓颉造字说

这种传说在战国时期的文献中已有记载,《吕氏春秋·君守》:"仓颉作书,后稷作稼。"《孝经·援神契》:"仓颉视龟而作书。"秦汉时期,仓颉造字说影响更大。秦朝统一文字时使用的课本就有《仓颉篇》，还提到"仓颉作书"。传说仓颉是黄帝时期的史官，长着四只眼睛，他观察天上的日月星辰和地上的鸟兽足迹，从中受到启发，创造了文字。从实践来看，成体系的文字不可能是个人造出来的，但是仓颉的名字却被人们记住了，其中有一定的原因。早期的文字大多用于记录祭祀、占卜、征战等国家大事，不像后代的文字广泛用于经验传播和思想交流。而掌握和使用文字的人以前叫"巫"，后来叫"史"。另外，原始文字在产生和积累了一定数量之后，还需要专门人才进行整理和规范。史官仓颉大概就是熟悉并整理过文字的人。

（四）河图洛书说

还有一种传说，认为文字产生于河图洛书。河图洛书是上古时期流传下来的两幅神秘图案。伏羲氏时，洛阳东北孟津县境内的黄河中浮出龙马，背负"河图"，献给伏羲。伏羲根据河图演绎出八卦，后来成为《周易》的来源。而在大禹时，洛阳西洛宁县的洛河中又浮出了神龟，背驮"洛书"，献给大禹，大禹根据洛书治水成功，并把天下划分为九州，又制定九章大法，就是后来的《洪范》。河图洛书历来被认为是中华文明的源头。关于它的内容，见解不一，未成定论。有人认为是古代的地理书，有人认为是上古的气候图和方位图，也有的说是天河之图（天文方面的）。它们对中国古代的哲学、政治学、军事学、伦理学、美学、文学等都产生了深远影响。

（五）书画同源说

这种看法是中国传统书画理论中的一个重要观点。它包括两方面的含义：一是中国文字与绘画在起源上有相通之处；二是书法与绘画在表现形式方面，尤其是在笔墨运用上具有共同的规律性。唐朝的张彦远在《历代名画记》中指出，造字之初书画是同体的，它们的区别在于目的不同。文字的作用在于传意，绘画的作用在于见形。"六书理论"中的象形，就是画的意思，所以书与画原本是异名同体的事物。后来二者分离，绘画的形象作用超过了用文字记载的记传与书赋。

（六）图画说

图画说认为文字与图画不是同源的，图画在先，文字在后，文字在图画的基础上产生。早期人类使用结绳和契刻记事，而需要记录的事物越来越复杂，于是逐渐使用一些其他的方法，比如图画，图画太多的时候，就不再像原来那么逼真，某些图画经常固定地记录某些概念以后，就形成了原始文字。

（七）汉字源于先民的社会实践

在生活实践中，早期汉民族还使用契刻符号来记事。它是刻在竹木等物体上的记号。近年来的出土数据证明，在原始社会氏族公社的晚期，汉字产生之前，在陶器上出现过一些记事符号，直到秦汉时期还有陶文存在。比如陕西仰韶文化遗址、山东大汶口文化遗址，代表了黄河中上游和黄河下游的文化，距今已有五六千年，现在有人认为在这些遗址中发现的陶器符号应该是原始汉字。这种观点也有人称为"契刻说"。

三、汉字的特点

汉字的特点指的是汉字与其他文字（主要是拼音文字）的不同之点。

第一，汉字与汉语相适应。汉语是以单音节语素为主的，汉字就用一个符号表示一个音节。汉语是非形态语言，不用音素来表示形态变化。印欧语有形态变化，它主要用音素来表示，反映到文字上就是要用字母来表示。如英语名词的复数一般是在单数形式的后面加"-s"，如 book（单），books（复）。这种变化用字母表示十分方便，如果用单音节的汉字来表示就很困难。这样，汉字跟汉语之间有很强的适应性，这是汉字富有生命力的根本原因。

第二，汉字是形、音、义的统一体。一个汉字代表汉语里的一个语素，把字形、字音、字义集合在一起，便于独立使用。汉字有形，即使音同，但字形不同，便于区别同音字；汉字有义，它的形体负载着较多的文化因素。

第三，汉字有一定的超时空性。就时间来说，古今汉语语音发生了很大的变化，但是汉字形体变化要小得多。汉字使得中华民族的悠久文化得以保存和传播，在推动中国历史和中国文化的发展中起到了积极的作用。就空间来说，同一汉字在不同的方言区可能有不同的读音，但不同方言区的人对同一个汉字的字义理解却是相同的。不同方言区的人，要是不说普通话，彼此又不懂对方的方言，就很难用语言沟通，可是用文字交流并没有困难，可以阅读同一份报纸。汉字的这种超时空性对维持华夏民族的统一，对推动华夏文明的发展，起到了积极的作用。

第四，汉字数量多，字形结构复杂。汉字记录的是汉语中的语素，汉语语素的数量很多，所以汉字的数量也非常多。如果计算历代积累的总字数，有五六万甚至更多。现代汉语的通用字就有 7000 字，而拼音文字的字母一般只有几十个，比汉字少得多。从形体上说，汉字的点和线构成笔画，笔画组合为部件，部件再组合为单字。笔画的变化形式和部件的种类都很多，笔画的组合方式和部件的组合方式也不少，这样就形成了汉字形体结构复杂多变的特点。

第五，汉字用于国际交流比较困难。使用拉丁字母的国家，进行文字交流十分方便，科技术语和人名地名可以转写，而汉字的国际流通性比较弱，翻译费时费力，跟不上科技发展的步伐。

汉字具有贯通古今、沟通四方的功能，为中华民族的发展做出了重要贡献。在历史上，汉字曾被朝鲜、日本、越南等邻国借用，形成超越国界的汉字文化圈，对上述国家的文化发展做出了贡献。但汉字也有费时费力、滞后于时代发展的缺点。我们要充分发扬汉字的优点，同时要设法弥补汉字的缺陷，使汉字适应现代化的进程。

四、汉字的作用

汉字是记录汉语的书写符号体系，记录语言的目的就是要把语言所表达的信息内容记载和保存下来，以便人们能够长久地记忆，这便是文字产生的根本原因。记录语言是通过对字形的书写来完成的，所以"书写"是所有文字最基本的职能，汉字也不例外。有了"书写"就必然存在"识读"，否则"书写"就失去了意义。正因如此，"书写"和"识读"便成为汉字的两大职能。汉字在现实生活中所具有的重要作用，都因这两大职能而产生，具体表现在以下几个方面。

（一）表达思想

思想是人们对现实世界的认识，思维是认识现实世界时的思考过程。在这个过程中人们所运用的思维工具是语言，所以说语言既是思维的工具，又是思维成果的外在表现形式。文字是记录语言的，所以文字是人脑思维外化的另一种表现方式，是比语言更高一级的表现和交流方式，文字可以使思维的内容表现得更加严密和细致。

（二）获取知识

人类的总体进步是通过个体进步来实现的，"识读"对人的个体进步来说作用是巨大的。人的知识主要来源于阅读，人的智慧与人的阅读量有极大的关系，人在阅读中增长知识，获取信息，了解世界；阅读内容的主要载体就是文字，对文字的"识读"能力是阅读能力产生的前提和基础。

（三）方便生活

没有文字，学习和掌握任何知识都只能凭借记忆，不能把所听到、看到的

信息内容保存下来；没有文字，身处异地，在没有通信设备的情况下，无法传递和交流信息；没有文字，就没有说明书，新的产品不会使用；没有文字，就没有文学，没有历史；没有文字，人们无法记录内心的感受。文字的产生与出现，使人类可以不受时间的限制，通过文字把信息长久地保存，也可以穿越空间的界限，把信息传递到远方；通过文字人们还可以任意自由地抒发自己的情感，也可以了解和借鉴他人的人生智慧和人生经验。可见没有文字将会给人类的生活带来多少不便，有了文字又给人们在生活中提供了多少便利，文字的作用无处不在。

（四）促进文明

在我国 5000 年的文明史中，汉字既是 5000 年文明的见证，又是 5000 年文明的重要内容。目前所能见到的最早的汉字是甲骨文，产生于公元前 14 至公元前 11 世纪，距今约 3400 年的历史；但从甲骨文的情况来看，甲骨文已经是成熟的文字，至于汉字起源的时间，目前基本上被认定为仰韶文化时期（公元前 4000 年前后），如果这个推断成立的话，汉字有近 6000 年的历史。我们的祖先，历史教科书上公认的说法是元谋猿人，产生于 170 万年前。这就意味着在 6000 年以前，我们的祖先一直生活在没有文字的情况下，那时人类的进步速度是相当缓慢的，没有文字，人们无法把经验和教训记录下来，许多事情都要重复进行。汉字产生以后，在 6000 年的历史进程中，中华民族的进步是巨大的，现在社会已经进入高科技的数字化、信息化时代，汉字在促进人类文明发展方面的作用无须论证。

（五）传承文化

华夏祖先创造了博大精深、独具魅力的汉字，每一个汉字都是民族生命力和创造力的具体体现。汉字以其独特的形式，记载和传承了中华文化，是人类文明的历史见证和传承载体，古代众多的典籍通过汉字而得以流传至今，汉字对人类文明的发展进步产生了极其深远的影响。

（六）维护统一

不同的语言文字区域很容易发展成为各自独立的国家，欧洲之所以会产生许多小的国家，语言文字方面的差异是导致其分裂的原因之一。中国自古以来就是一个方言众多的国家，不同方言用汉字记录时写出来的却是统一的汉字，表意性质的汉字可以消除方言间的语音差异。中华民族之所以在多次遭受外族入侵的情况下，却始终能够保持汉民族文化传统，与汉字的稳定性及对文化传统的传承有很大关系。所以说汉字在维系民族团结、保持国家统一、保护民族文化等方面同样具有重要作用。

五、汉字与汉语的关系

（一）汉字是适应汉语特点的意音文字

汉字是形音义统一的，汉字的字形是以传达汉语中的语素义或词义为主的，汉字的音义都是汉语语素或词的音义。汉字是顺应古代汉语的单音词特点的，一个字就是一个音节，就是语言中的一个词或语素。汉语的音节少，有很多同音字，汉字以字形的区别作用，使得同音字得以长期生存，因为字形的别义作用让汉语书面语不会因为同音字的问题而产生混乱。表示语素的汉字是形音义统一的，这样，就决定了汉字中大部分的字是形声字，而形声字的结构方式，通过意符和音符结合，可以用相对数量的字符，造出大量的形声字。王宁在《汉字学概要》中说："汉字的发展演变，在很大程度上要受到汉语的制约与推动。例如，中国周秦时代是汉语单音语词大量产生的时代，词的派生大大推动了汉字的孳乳；也正是在这个时代，汉字的形声化趋势急剧发展，形声字大量产生。魏晋以后，由于汉语的造词方式逐渐变为以合成为主，汉字的增长速度也就逐渐缓慢了。"

随着语言的发展，词汇越来越丰富，汉字肩负的表意责任也越来越重，很多汉字在古代往往是一字有很多义项的。以后，为了更好地区分语言中的词，人们就常常在原有汉字的基础上增加偏旁，形成新的汉字，新的汉字跟原来的汉字之间就像家族的繁衍一样。还有一些汉字所代表的词义随着时代的发展而消亡，但是古人不废弃字形，将其借用来表示新的词义，并且一借不还，如"它、其、也"等字。汉语逐渐发展为以复音词为主了，汉字依然能发挥其巨大的表意功能和造词功能。由于汉字字形的表意性，人们能将两个汉字或多个汉字组合，借助一个个汉字的意义组合成新词的意义，原来的汉字，在新词中充当语素了。

苏新春在《当代中国词汇学》一书中说："汉字的生命力在于它与汉语的单音词有一种近乎天然的和谐关系，二者相为表里，互为映现，紧紧地贴合在一起，使得任何要将它们剥离的企图都会觉得几乎不可能。单音词的存在，需要方块汉字来适应它；它们都用同样的立体化方式来丰富自己；更为重要的是，单音词语音上表情传意的不足，恰恰是以汉字丰富的字形予以了弥补。"

（二）汉字对汉语的影响

不管是汉字的产生还是造字法都能良好地适应汉语本身的特点，汉字的字形所积淀的强大表意和造字功能，使得汉字在很大程度上影响了汉语的发展。从秦始皇统一六国文字以来，汉字一直成为中国历史上各民族共同使用的文字。汉语经过时代的变迁，分裂为七大方言，由于汉字不是拼音文字，所以，无论各方言之间的语音差异有多大，都可以用汉字来作为各种方言共同的书写形式。这说明汉字的产生，使得汉语具有超时空性，变成可以阅读的书面语言。汉字的性质和特点，促进了中国各民族共同语的形成。由于汉字的表意性，汉语在历史与空间的洗礼中没有采用不同的记录方式。这说明，汉字表意的本质特性限制了汉语的分化。

由于汉字的表意性，使汉字字形能区别同音词，这样，长期以来，汉语中存在的大量同音词可以相安无事。例如，"人、仁、壬"音同，形、义都不同；再如"只、指、纸、脂、止"也都是同音字。这说明，汉字表意的本质特点，影响了汉语词汇的发展。汉字的出现，让汉语形成了书面语，而书面语的形成，又让我们的文学语言变得丰富多彩。汉语书面语的成熟，使汉语变得越来越稳定，汉语词汇和语法的发展，都趋向严谨。

汉字对汉语有没有产生过副作用呢？李万福在《汉文字学新论》中说："在特殊情况下文字比语言具有更大的历史惯性和更强烈的时空穿透力，尽管文字是记录语言的符号系统，但在特殊情况下也能把语言变成自己的附庸。"中国历史上，形成了作为官方使用的书面语言——文言，文言的垄断地位一直到"五四"新文化运动才被打破，看来，因为古代汉字的特点形成的文言，一直压制着口语。

汉字与汉语的关系十分密切，要想进行完全剥离是不可能的，也就是说，要想掌握汉语书面语就必须对汉字进行掌握。所以，在中国古代，孩子到了启蒙的年级，都是从《千字文》《百家姓》等用来识字的教学开始的。

（三）汉字与汉语的差异

汉字只是记录汉语言的工具和符号，文字跟语言相比，总是第二性的。汉字用方块字形，表达着汉语中语素或词的音义。汉语是可以说出来的，汉字是可以阅读的，汉字只是使汉语变成书面语，但最终还是传播汉语的符号。

汉字的历史远远没有汉语的历史悠久，先有汉语，后有汉字。汉字的发展与汉语的发展不是同步的，汉字在历代经历了许多的变革，现在我们的简化字，也是一种人为的变革。汉语自从有了汉字作为记录的工具以后，形成了口语和书面语两种不同的表达方式，口语的变化远远比书面语的变化来得快。而书面语必须依赖汉字，一个汉字的字形有时可能承担汉语中不同的语素。

六、汉字的未来

有句话这样说："把弯路走直的人是聪明的，因为他找到了捷径；把直路走弯的人是豁达的，因为他多看了几道风景。"前面说汉字作为语素文字有若干特点，只不过如何看待汉字的这些特点，或者说这些特点孰优孰劣，则一直见仁见智，毁誉参半。但无论怎样，路在自己的脚下，走自己的路，才能做最好的自己。人生是这样，汉字的发展也是这样。随着信息时代的到来，汉字也面临着何去何从的危机，这实际上就是如何看待汉字的特点和优劣的问题。目前对此有两种截然相反的观点：一种观点认为汉字"最美"，即世界上最优美的文字非汉字莫属，应该"老当益壮"，保持汉字现有状况；而另一观点则认为汉字"最难"，不仅难写难记而且难认难读，应该"改弦更张"，把汉字改为拼音文字。

持第一种观点的人认为汉字的身上全是优点。这些优点包括汉字对于民族统一有着积极的作用，汉字对于文化传承和传播有积极的作用，汉字的相对稳定保证了几千年来汉字始终是汉民族重要的交际工具和思想、文化的主要储存手段，汉字阅读上有分辨率较高可以"一目十行"的特点，汉字还是一种书法艺术，等等。就拿汉字传承汉民族文化来说，汉字就像汉民族文化的剪影，几千年来汉字记录并传承着汉民族博大精深的文化，甚至每个汉字都是当时的一段历史或文化生活的真实写照。比如，"家"字中有个"豕"，"豕"是"猪"的本字，段玉裁认为"家"的本义就是"豕之居"，后来引申为人的居所。有的学者将其与社会现象联系起来，推断"家"在古代大概是上层住人，下层养猪的，现在云南依然有这种现象存在。再如，"妻"字的甲骨文写作"𡚱"，从字形上看，这个字像是一只大手去抓一个女子，其实这正是对古代"抢妻"这一习俗的描绘。原来，在从母系社会向父系社会的过渡时期，随着男子的社会地位日益提高，他们迫切要求建立以男子为中心的婚姻形式。但是在刚开始，女子并不甘心让出中心地位，所以男子只好采用武力抢夺的方式来达成自己的愿望，于是便形成了"抢妻"的文化习俗。"妻"字也正体现了当时社会"抢妻"的场景。

持第二种观点的人主要从文字应用的角度，完全否定现行的方块汉字，认为应当废止汉字，另起炉灶，改方块汉字为拼音文字。这种意见主要包括两点：

一是汉字在学习和使用上存在着难认、难读、难写、难记的状况，对于国际文化交流非常不利。在国际交流日益频繁的当今社会，拉丁字母差不多已经成为全世界的通用字母，而汉字的国际流通性很弱，汉字转换成拉丁字母要经过翻译，不仅费时而且费力。二是汉字用于计算机信息处理比较困难。拼音文字字母数量有限，因而在计算机信息处理方面编码简洁方便；而汉字字符众多，结构复杂，在信息处理方面就有难处。比如，前些年高考前在电台的《高考咨询》节目中，有位考生忧心忡忡地问："我的名字中有个字电脑上打不出，会不会影响高考成绩？"再比如，邮局取件、银行存款、派出所办户口，也常会遇到有些字无法输入电脑的情形。虽然国家采取扩大字符集的数量等办法来解决生僻字问题，但也有些人认为，为了极少数人的需要无限制地扩大字库也是一种资源浪费。可见汉字虽然有诸多优点，但是面对当今的信息化趋势，汉字也越来越多地表现出一些劣势，这些缺点也在一定程度上干扰了人们的生活。

有些人认为汉字的缺点是最为突出的，因此应该朝着世界拼音文字的方向发展；还有一些人认为汉字本身的优点是最为突出的，因此必须应该对现在音意文字的现状进行维持。理所当然的，可以继续讨论这个问题，但是需要注意的一点是，不论对于汉字的优缺点持着什么样的观点，都不应该朝着极端的方向发展。

一方面，说汉字有缺点，但不能把汉字说得一无是处。虽然看起来学习汉字要比学习字母困难些，但是拼音文字毕竟是一种无理据的符号，汉字则大多是有理据的符号。比如毒药瓶子上画个骷髅，托运的箱子上画个玻璃杯，这就是有理据符号，一看就明白，也容易记住；而电话号码、电报码则是无理据符号，只能死记硬背。英文"man"和"woman"为什么表示男人和女人，没什么道理可说。但汉字的"男"和"女"却是有道理的。例如，"男"字的甲骨文为 𤰔，是一个会意字，人在田地里劳动的样子；"女"字的甲骨文为 𡥀，是一个象形字，女人两手相交的样子，十分柔弱的跪坐的女子之形。汉字中象形字、会意字等都可以表形表意，形声字的形旁也往往有提示汉字意义类别的作用，可以见字知义。从符号学角度看，有理据的符号容易理解，无理据的符号则很难记忆。这样说来，汉字这种有理据的字符反而应该更容易理解并记住，至少学习汉字的利弊也是参半的。

另一方面，即使说汉字有优点，也不能把汉字说得神乎其神。比如，即使承认汉字有"见字知义"的好处，但也不能碰到什么字都想当然地加以解释。比如有人就说，"人多"为"侈"，"父多"为"爹"，"儒"表示人需要教育，等等。这样的一些所谓"新说文解字"，不但牵强附会，甚至有点像算命先生的胡说八道了。还有些人认为，因为汉字能直接"表意"，因此可以适用于任何一种语言，比如，任何一个民族的人见到汉字的"日"都可以懂得那是"太阳"的意思，甚至说外国人也可以根据汉字看懂中文书刊，只不过是把其中的字读成不同的音罢了。这种把汉字神化的观点同样是没有任何科学根据的。

古老的汉字在现代化的社会生活中冲浪，一个古老，一个现代，两者碰撞在一起会产生什么化学反应？目前来看，对汉字进行有效改革来适应未来社会的发展将是必然的趋势。汉字的主要缺点是字符太多、形体繁杂、内部混乱，那么就可以针对这几项缺点先采取一些必要的改革措施。比如：找出所有汉字中的常用字，剔除没用或罕用的字；尽可能简化汉字的写法，推行简化字，废除异体字；等等。这些改革不但在整体上可以保留汉字的体系，而且能够更好地发挥汉字的作用。至于在这之后要不要"大动干戈"，走上"拼音化的道路"，最终还要取决于汉语本身的实际发展状况和社会对汉字应用的客观需要。

第二节　汉字文化与书法艺术

一、汉字的演变过程

汉字的正式文字自甲骨文字开始，汉字字体演变的过程可以概括为：甲骨文→金文→篆书→隶书→楷书。这是汉字的主要字形，除此以外，还有两种辅助性字形，即草书与行书。

甲骨文是 3400 多年前殷商时期刻在甲骨上的一种古老文字，甲骨文的发现还是近百年的事。在此之前，人们不知道甲骨文的存在，甲骨文在殷商、西周以后，已经湮没于地下。从近现代发掘出来的大量甲骨来看，甲骨文已是相当成熟的文字体系，由此可以推断甲骨文的产生一定远在 3400 多年前的殷商时代以前。

金文和甲骨文一脉相承，字体与甲骨文十分相近。但是，甲骨文和金文的字体又各有其特点。由于甲骨文是用刀在甲骨上契刻出来的文字，甲骨面积不大，不平，所以字体大小不一，参差不齐。金文是铸刻在青铜器上的一种文字，是和青铜器一起，先制成范模而后冶铸而成的。金文线条粗壮，笔画圆转，字体匀称，字形长圆。在青铜器上铸刻文字始于商周，与甲骨文同期。由于甲骨文、金文尚处于汉字的新创时期，因此它们的字形结构尚未定型，异体字较多。《甲骨文编》中就收录有 50 多个不同写法的"龟"字，《金文编》中收录有 70 多

个不同写法的"鼎"字。

金文之后，到了春秋战国时期，列国称强，字体各有异同，统称为古文。春秋战国时期流行于秦国的字体叫作籀文，后又称之为大篆，字体比金文更为工整。秦时的石鼓文是大篆的代表作。当时，楚、齐、燕、赵、魏、韩六国使用的文字字形各有分歧，秦始皇统一六国后，实行"车同轨，书同文"的政策，下令全国统一文字，明确以小篆为统一的文字字体。小篆是在大篆的基础上演变而来的，字体较大篆省改，并淘汰了甲骨文、金文中众多的异体字。小篆字体笔画圆转流畅，较之大篆更为整齐。秦始皇东巡时，所立的泰山刻石等秦刻石，上面所刻的文字字体就是小篆，相传为秦丞相李斯所书。

秦时又产生了隶书，当时篆、隶并用。隶书在字形上又较小篆大为省改，笔形比小篆简化，笔画由小篆的圆转变为方折，书写更为方便简捷，是为秦隶。到了汉代，隶书成为书写的主要字体，汉隶在写法上与秦隶相比又有不同。汉隶的字体笔尾有"波势"和"挑法"。隶书的产生是汉字简化过程中的一次重大变革，故后世称之为"隶变"。文字学家一般将汉字的演变过程分为两大阶段，自甲骨文至小篆被称为古文字阶段；自隶书以后的文字，被称为今文字阶段。隶书奠定了今文字的基础，"隶变"成为汉字古今文字的分水岭。

汉初时期，又由汉隶书演变产生了草书字体。草书字体形式较多，但主要有章草、今草和狂草三种。草书的出现，表明了人们的一种要将汉字字体进一步简化和书写便捷的愿望，但由于草书字体较难辨认，因此，不能广泛使用。

汉末时期，又出现了楷书。楷书也是在汉隶的基础上演变而来的一种字体，改变了汉隶的"波折之势"和"挑法"，笔画平直匀称，字体明晰方正，是名正言顺的"楷模之书"。楷书由于容易书写，便于辨认，字体规范，形成了真正的"方块汉字"，故被人们所普遍接受，因而取代了各种字体而成为一种通行的汉字，自汉以来，一直通用至今，不仅在书写上，而且在书籍印刷上也普遍使用这种字体。

此外，还有一种行书，它始于东汉而盛于魏晋。行书是一种介于楷书和草书之间的字体，比楷书书写方便，比草书容易辨认，因此，行书也一直流行至今，成为人们日常使用的一种手写字体。由于甲骨文和金文已非常古老，属于汉字的初创阶段，看起来更像图画，所以，甲骨文和金文已成为博物馆中文字专家的研究对象，现实生活中很难见到。而篆书、隶书、草书、行书、楷书这五种字体，我们在生活中或天天使用，或有时也能见到用到。有人把这五种字体比作衣服的样子，说："篆书像古装，隶书像礼服，楷书和行书像便服和工作服，草书像泳装。"

在汉字字体的演变中，汉字字形的变化与它所处的时代和文化背景都有密切的联系。可以说在汉字的演变发展历程中也包含了一部中华民族的文明史。而正因为如此，汉字所具有的美是独特的，富有内涵的，由此才形成了以汉字字形为母体发展起来的书法艺术。

二、汉字演变中的书法起源与发展

（一）书法的起源

从历史起源看，广义的书法与汉字同步产生，最初的书法也就是最初的汉字，最初的汉字也就是最初的书法。书法与汉字，两者名称虽异，实为一体。书法与汉字这种异名共体的历史，至少一直延续到唐朝雕版印刷术问世之际。此后，汉字开始独立于书法，沿着自身的发展轨道前进，端正、规范而实用。但书法艺术则一直以汉字为载体，历经着由篆书、隶书、楷书到行书、草书等各种书体的形成与完善。

（二）书法的发展史

1. 原始的书法

据考证，甲骨文已有约 3500 个单字。从数量和结构方式来看，甲骨文已经是有较严密系统的文字了。汉字的"六书"原则，在甲骨文中都有所体现。但是原始图画文字的痕迹还是比较明显。甲骨文是用刀刻成的，从甲骨、陶片、玉片上用朱砂或墨书写的字迹来看，甲骨文笔法已有粗细、轻重、徐疾的变化：下笔轻而疾，行笔粗而重，收笔亦轻而疾，有一定的节奏感；转折处方圆皆有，方者劲峭，圆者柔润。

结构上，甲骨文长短大小均无定法，显出古朴多姿的无限情趣。甲骨文结体上虽然大小不一，错综变化，但已具有对称、稳定的格局。甲骨文的章法最为人们称道：大小不一、方圆多异、长扁随形的单字组合在一起，错落多姿而又和谐统一。章法款式亦不拘一格，多为上下竖行，亦有横行排列。其天真烂漫、自然天成之美，后世难以企及。所以有人认为，中国的书法，严格讲是由甲骨文开始的，因为甲骨文已具备书法的三个要素，即笔法、结体、章法。因此从甲骨文具有的艺术特征来看，其不仅体现了商人的艺术技巧和艺术修养，而且是中国书法艺术的开端，它所具有的艺术因素都被后世所继承并影响了中国整体的书法面貌。

　　除甲骨文外，古代的另一种重要文字是金文。关于金文，传统的说法是起源于商代，盛行于周代，是在甲骨文的基础上发展起来的文字。金文是铸刻在青铜钟或鼎上的一种文字。钟多是乐器，鼎多为礼器。铸刻在上面的文字，多为记事或表彰功德的内容。这种铭文，有的是凹下的阴文，有的是凸出的阳文。前者称为"款"，是"刻"的意思；后者称为"识"，是"记"的意思。所以金文也可统称为"钟鼎款识"。以后书法"款识"或"款式"的名称即由此演化而来。在甲骨文盛行的商代，青铜器有铭文的大多只二三字，长至十字或数十字的为数不多，书风受甲骨文的影响。从书法的角度看，商代的金文近似甲骨文体势，周代的金文无论从文字还是书法，均与甲骨文拉开了距离。周代的金文主要具有下列特点：①笔画圆匀，起笔、收笔、转笔多为圆笔。这为以后篆书用笔打下了基础。②字的结构比甲骨文更加紧密、平稳。字形也比较有规律性，也为以后的文字统一奠定了基础。③章法上也比较讲究字距行列。有的严整规矩，有的显得疏朗开阔。金文，在笔法、结体、章法上都为书法的进一步发展做出了重要的贡献。

　　2. 篆书

　　经秦而汉，各式书体产生，书学理论萌生，书学史上的黄金时代来临了。这时，书法艺术虽然依托文字，但已经成为独立的艺术门类。许慎《说文解字·序》云："秦书有八体：一曰'大篆'，二曰'小篆'……"秦代大篆通行，周宣王时太史摘变古文作大篆（古文即史籀以前文字的通称），由是即通行以至于秦。籀、篆二名，分言之，则"籀"指大篆，"篆"指小篆；合言之，则"篆"字可概括大小篆也。小篆又称秦篆，秦丞相李斯将这种书体在碣石上再创造，成为典范性的秦代书体。其后，中国书学中的篆书不断发展，成为书学中一大支柱，这正来自秦篆血脉的传递。秦刻石在一定程度上展现了经由大篆渐向小篆变化、发展、成熟的历史进程。大小篆之别是以规范化程度为标准的，小篆是规范化很强的书体，大篆主要以甲骨文、金文的形式呈现，也有少量墨书和刻石。篆书书体带有明显的象形再现的意味，尤为重视空间结构，线条细曲柔长，笔画繁杂，参差错落，书写的顺序和偏旁部首的位置不甚严格。

　　3. 隶书

　　学术界对隶书书体的起源和发展有两种不同的观点。一种观点认为隶书为秦程邈所作，古文变而为大篆，大篆变而为小篆，小篆变而为隶书是书体沿革所遵循的顺序。另一种观点则认为在秦始皇诞生之前，汉字已经明显隶化，篆书的小篆化跟篆书的隶化基本上同步发生，小篆和隶书是大篆书体的孪生子。

隶书跟篆书相比，是一次伟大的革命，之后产生的草书、行书、楷书，均源于隶书。隶书是出于实用的需要而对篆书的简化，为大篆捷书过程中逐渐形成的一种书体。这种简化的意义，不仅仅在于它截长为短，变篆书的纵势为横扁，化圆转为方折，变玉筋为波画，蚕头雁尾，创造了浑朴稚拙的新书体，更在于它使书法创造的思维方式和审美意趣发生了大的变化。隶书书体突破了篆书图画式模拟物象的框架，开始按书法自身结构，如方正、对称、整齐、宽窄、疏密、和谐等抽象形式美规律造型，具有了离象而求、不似之似的特质。此外，隶书的创造，还赋予书法的笔画结构以严格的时序推移。

4. 草书

草书形成于汉代，是为书写简便在隶书基础上演变出来的。当时通用的是"草隶"，即潦草的隶书，后来逐渐发展，形成一种具有艺术价值的"章草"。汉末，张芝变革"章草"为"今草"，字的体势一笔而成。今草不拘章法，笔势流畅，代表作如晋代王羲之《初月帖》《得示帖》等。狂草出现于唐代，以张旭、怀素为代表，笔势连绵回绕，狂放不羁，字形变化繁多，成为完全脱离实用的艺术创作。

任何书体在使用中都有简便易写的要求，出现省简笔画和潦草的趋势。这种趋势是文字演变的主要原因。汉末直到唐代，草书从带有隶书笔意的章草发展成韵秀宛转的今草，以至奔放不羁、气势万千的狂草。从传世的表、帖和出土的汉简、汉砖看，在汉末以八分书为正体字的同时，已经出现近似楷书的写法。草书也会随之变异。略晚于张芝的草书家崔瑗作《草书势》，对草书有"状似连珠，绝而不离""头没尾垂""机微要妙，临时从宜"的描述，可见汉末的草书笔势流畅，已不拘于章法。书体演变本来没有截然的划分。说今草起于张芝，是从新体的萌芽来看的；说今草起于"二王"，是着眼于典型的形成的。草书在唐代出现了以张旭、怀素为代表的狂草，成为完全脱离实用的艺术创作，从此草书只是书法家临摹章草、今草、狂草的书法作品。

5. 楷书

楷书是汉字书法艺术的主要书体之一，又称"今隶""真书""正书""正楷"等。因其形体方正，可做楷模而名。它产生于汉末，盛行于魏晋南北朝时期，唐朝更是楷书的黄金时代。楷书是由隶书经过长期发展演变慢慢退化而成的。早在东汉时代的简、帛及器物上已能看到一些楷书的体势。楷书的特点，从总体上看，楷书呈长方形，结体也比隶书紧密，用笔也很丰富细腻。楷书写起来也要比隶书灵活捷便，从楷书创立之后，它就代替了隶书正统地位，经过长期

的试用证明了它是实用性和艺术性结合较好的一种书体。

楷书的开创和确立之功，应首推钟繇。钟繇书法师从曹喜、刘德升、蔡邕，博取众家之长，兼擅各种书体，尤其精于隶书和楷书，他将楷书中简易成分集中起来，又打破了隶书中的常规，变隶书平扁成楷书的方正。所以，钟繇成了楷书之祖，并与略后的王羲之，合称"钟王"。他的传世之作有《宣示表》《贺捷表》《力命表》等，尤以《宣示表》最为著名。钟繇之后，最为著名的是王献之。他的楷书作品流传下来的只有《洛神赋十三行》小楷。其体势秀逸，虚和简静，灵秀流美，与文章内涵极为和谐。

唐朝在中国历史上是繁荣强大的朝代，也是文学艺术最辉煌的时代，唐朝更是书法的黄金时代，涌现了大批书法家和优秀的书法作品。初唐大书法家很多，成就卓荦的有欧阳询、虞世南、褚遂良和薛稷，他们四人被后人合称"初唐四家"。到了中晚唐时期，书坛上崛起一位革新派书法家——颜真卿，他开宗立派，成为书法史上一位划时代的人物。他以自己的人品、学识和对书法艺术的进取，开创了"二王"体系之外的新书体——"颜体"。继颜真卿之后，成就较大影响较深的应属柳公权。柳书是继颜书之后，对后世具有很大影响的书体，二者并称"颜筋柳骨"。

6. 行书

行书有别于篆、隶、草、楷的最大特点是其并没有形成独立的行法。它始终是书体，而不是字体。它是草书向楷书演化过程中的一种中介书体。行书无法而有体。其行体的最大特点是用连笔和省笔，却不用或少用草化符号。同时，行书又具有强大的表现力，它化静为动，冲破汉字的空间规范，强化笔画的书写时序，注重连续运动和变化。由此可见，行书具有丰富的意蕴和鲜明的自由创造意识。

三、书法艺术走向繁荣的原因

（一）统治者的政策

书法艺术之所以能走向繁荣，首先与统治者的政策及用人制度密不可分。两汉时期，由于统治者注重书法教育，不仅产生了一大批"善史书"之人（即善书法者），而且大大推动了书法热潮的掀起。最典型的例证就是灵帝设置门学，使书法热达到空前的鼎沸。至于唐代书法取得重大成就的原因，也离不开帝王对书法的重视。唐太宗李世民作为一代开明君主，大开书法之道，不仅研学书法，收集王羲之遗墨，而且设置专门培养书法人才的最高学府——弘文馆，将书法作为选拔人才的条件。还有隋朝书法走上南北融合的发展，与隋文帝重视书学不无关系。统治者对书法艺术的重视，使书法的庶民化倾向日趋强烈，在一定程度上促进了文化繁荣。

（二）社会形势

社会形势也是影响书法艺术繁荣的重要因素。魏晋南北朝时期，政权割据，朝代繁复，经济衰微，社会秩序混乱且动荡不安。但是，艺术与物质生产、社会秩序之间并不一定保持一致，相反，这一时期的文化思想非常活跃，为书法的发展创造了氛围。而国家规模空前大统一的唐朝，国运强盛，经济繁荣，无一不为书法的大发展提供了良好的条件。

（三）时代盛行的文化特征

以魏晋时期为例，该时期最突出的文化特征，一是门阀观念，二是玄学兴起。两者"交相辉映"下，士大夫之间尽是一派"谈笑有鸿儒，往来无白丁"的生机勃勃景象，给书法发展带来生机。

诚然，书法大家的影响作用同样不可低估。除前文稍有提及的王羲之外，初唐如欧阳询，盛唐如颜真卿、怀素，晚唐如柳公权，都是推动书法艺术发展的砥柱性人物。还有《中国书法思想史》中所提及的"书画院"等社会设施的完善，都是中国汉字成为书法艺术并繁荣的原因。

第三节　现代汉语书写的教学

一、汉字书写教学的现状

目前，全国各大高等院校，由于越来越重视学生的汉字书写问题，因此都不同程度地对汉字书写课程进行改革。有些高校取得了一些成绩，但就整体来说，还处于不断摸索经验，有待进步完善的阶段。其主要问题如下。

（一）课程设置不够科学

目前，各大高校几乎都会在非书法专业的院系开设汉字书写课程，而以什

么样的方式进行开设则需要以本院系的具体情况进行确定。有的院系采用的方式是集中教学，也就是在比较短的时间内进行集中教学，达到强化训练的目的。有的院系则采用日常的授课方式，也就是与别的专业课相同，都是在一个或者两个学期内，每星期设置课时进行上课。不管是哪种方式，从整体上看都没有多大的效果。造成这种情况的主要原因是，汉字书写课程属于技能课，不同于一般的文化理论课程，以上的课程设置方式仍然是按照一般理论课上大课的方式进行的。非书法专业的学生数量较为庞大，哪怕是采用小班教学的方式，上课的人数都能有四五十人。假如采取的是大班教学的方式，那么上课的人数就会超过一百。从现实的情况上看，如果不是书法专业的书写课程，很多院校就会采取大班教学的方式进行授课，上课的学生非常多，但是安排的课时又很少，这样的教学方式让教师在授课的时候没有办法照顾到班上的所有学生，其教学效果也不尽如人意。

（二）师资力量短缺

尽管当今社会已经普及多媒体教学，但是粉笔字依然是教师的基本功之一。因此，在高等院校，非书法专业的院系也会开设"三笔字"的书写课程。但是，在高校，专业的书法教师数量很有限，一般在艺术学院或美术学院有若干名，但他们远远不能满足其他非书法专业教育的需求。据笔者调查了解，这些院系一般会聘请一些有书法爱好的教师兼任，有些院系则会聘请专业教师，有时聘请不到则往往不了了之。在兼任的书法教师中不乏优秀者，但就大部分而言，他们都没有接受过书法的专业教育和训练，在教学过程中较易出现一些疏漏，或者是书写技法方面的缺失，或者是书法理论方面的不足等。师资力量的短缺和教师的不够专业都将直接影响到汉字书写教学的效果。

（三）专门针对非书法专业的书写教材和字帖较少

目前，已经出版的书法教材中，大部分是专门针对书法艺术教育的。而针对非书法专业书写的教材则非常少，在这些少量的可供选择的教材当中亦有很多亟待完善之处，比如，有的书法图片不够清楚，大部分教材都没有配备相关书法视频等。而且各高等院校所选的教材不同，有的书法教材过于专业化、理论化、笼统化，表述上面面俱到，缺乏针对性，这都极大地影响了高校非书法专业的书写教学质量。

（四）缺乏专门的书写教学场地

非书法专业的院系，并不如美术院系那样自身拥有固定的能够进行书写教学的教学场地，其所使用的教室都是由学校进行统一安排的，该专业师生经常流动"作战"，没有固定的教室作为练习、讲评和展览的场所。

（五）书写教学还没有形成科学有效的教学方式和方法

当前，多媒体教学已经普及，现代一些先进的科技手段作为教学的辅助已经弥补了传统教学的很多缺陷。但据笔者调查了解，有些书法教师将播放书法视频作为教学的主要手段，则是本末倒置，失去了教学的真正意义；而有些书法教师对多媒体技术又完全弃之不用，放弃了多媒体技术应有的教学优势。这两种情况都失之偏颇了。在新形势下，面对非书法专业的众多学生，书写教学还应积极探索出更加科学有效的教学方式。

总体来看，非书法专业的书写教学还没有形成科学有效的教学模式和教学方法。教育部门一直很重视学生的书法问题，不少高校都在增设书法专业，招收书法专业的学生，同时非书法专业的书写教学也越来越受到重视，但是效果却不甚理想。

二、汉字书写教学的策略

（一）教法灵活，使学生乐写

同别的学科一样，在进行书法教学的时候，也需要注重教学的方法。运用了合适的教学方法，会对学习效果产生直接的影响。所以，教师应该要对学生自身的水平有一定的了解，然后根据了解到的情况以及班级的实际情况，制订相应的教学计划，同时对教学的进度、教学的内容以及教学的要求进行确定，而且运用的教学方法要科学灵活，从而提高书法教学的教学效果。

1. 因材施教，分层教学

书法教学正式开始之前，应先了解学生既有写字基础，以便有针对性地开展教学，确定最有效的讲授方法和有步骤地提出难易适度的具体要求。教师在了解学生书写基础时，先规定一些包括各类笔画和结构形式的字，让学生在规定时间内书写，并要求：①用平日习惯书写；②临摹字帖范字。教师通过学生用自己习惯书写的习作，能够了解学生目前的书写水平；通过临摹的习作，能够了解学生目前的学习能力。教师根据学生书写水平和书写能力，将其分为甲（优）、乙（良）、丙（中）、丁（差）四组，并分析总结出不同层次学生书写的主要优缺点，因材施教，分层教学，有的放矢地加以具体指导和有效训练，既注重面向全体学生，又关注促进个性发展。

2. 循序渐进，精讲多练

人的认识是由低级到高级，由简单到复杂，由感性认识到理性认识的。因此教师可依照传统方法，由构成汉字的基本单位——笔画练起，依次练写偏旁部首、间架结构、形体气势和章法，由易到难，循序渐进。在教学中，注重突出重点，突破难点，每节课只就一个方面、一个问题进行教学。精讲多练，讲练结合，使学生每一节课都能够学有所得，练有所获，不断提升书写水平。

3. 示范演示，教具辅助

书法具有直观性，书法教学单一采用讲解的方式，非但浪费时间，而且有些问题仍难以解释清楚。尤其是书写的具体过程，往往是"百闻不如一见"。因此，书法教学必须重视直观教学，发挥教师的示范作用。每讲授一种笔画或一个汉字时，对起笔、行笔、收笔，提按轻重的变化，字的搭配方式和比例如何等，要边示范，边讲解，边分析，使学生容易领会和模仿。教师还可充分利用教具，对一些笔画和字的结构做细致形象的演示。例如，楷书的"横"是右上取斜势，其斜度一般为 5° ～ 8°，然而简单的一横，学生往往掌握不佳，不是斜得过头，就是横得太平。教师如利用量角器来做说明，学生能够立即领会并能进行自我纠正。再如学习"历代书法名家名作选介"时，如果利用多媒体进行教学，则能够收到事半功倍的成效。

（二）指导学法，使学生会学

达尔文曾经说过："最有价值的知识是关于方法的知识。"这也就说明了，所有学习者一定要具备的基本技能就是学会学习。教师在进行书法教学的时候，应该指导学生对"读、看、练、用"的学习方法进行运用，让学生能够学会怎样学习，并鼓励学生进行探索，培养学生独立解决问题的能力，从而让学生变成能够独立进行学习的学习者，提高学生的学习效率。

1. 阅读

教师可向学生推介一些有关书法方面的书籍和期刊。例如，《师范硬笔书法教程》《实用钢笔书法自学教材》《中国书法》《书法》《中国制笔书法》等。学生普遍反映，原来把写字看得非常简单，并未意识到练字也是一门学问，有许多原则、规律可循。通过阅读，学生能够开阔视野，掌握许多书法理论知识，还可借鉴他人的写字经验和方法，从中受到许多启发。把书法理论和写字实践相结合，能够少走许多弯路，获益匪浅。

2. 观察

观察包括观察教师及他人的示范和观察字帖。教师结合具体字例，指导学生从三个方面进行观察：一是用笔；二是结构；三是神态。字的用笔方面，要看清楚笔画的运行起止、轻重提按、偃仰向背、方圆长短、精细肥瘦等；字的结构方面，利用视线的"视平线"和"垂直线"来衡量点画所处位置的左右前后和上下高低的标准，还要认识对准中心、掌握重心、上紧下松、疏密匀称、伸左让右、突出主体、比例适当等；字的神态方面，要领会精神、气韵、丰采等。学生学会观察，就会"笔随模走""从规矩出"，防止盲目练习，书写质量就能够在短时间内大幅度提高。

3. 练习

"字无百日功"，只有勤学苦练，才能提高书写能力，最终到达成功的彼岸。教师要注重指导学生"练"的方法。宋朝姜夔说："临书易失古人位置，而多得古人笔意；摹书易得古人位置，而多失古人笔意。"所以，要让学生采用"临摹"结合的方法，逐渐达到字映脑中、意在笔先、"从规矩出"的境地。在临摹时，要求每个字单独练习，随时订正。除课堂练习外，每天还需书写一页小楷，利用小黑板练写粉笔字。教师及时检查作业，批改、评分、讲评。寒暑假也布置一定数量的书法作业，每学期进行两次阶段性考试和总评，毕业前考核实行"过关合格制"。通过反复临摹、认真练写、严格训练，学生能够牢固掌握书写要领，提高书写技能。

4. 应用

练写书法的最终目的是将书写技能应用于实践。教师要引导学生认识到"提笔即练字时"，任何一次写字的机会都是"活用"的好时机，在学习、生活和工作中边学边用，边用边学，才是长期的真正的课堂。教师要求学生写作业、笔记、日记等，一律规范书写；班级举办书法园地、作业展览，学生互相观摩学习，共同促进提高；鼓励学生参加各种书法比赛、展览，开阔视野，增长见识，提升技能。这些要求和做法能够巩固和扩大书法教学成果，真正做到学以致用。

（三）技能实训，使学生会教

运用"模拟教学训练"和"实习教学训练"进行技能实训，能够有效地提高学生的写字教学水平。

1. 模拟教学训练

当学生对书法理论知识有了一定的掌握，并且也具备了一定书写能力的时候，可以让学生对那些书写能力比较强的学生进行自主推荐，进行模拟教学，接着增加训练对象的数量。在模拟教学这种主体性比较强的活动中，学生可以获得更加丰富的书法体验，并且在这个过程中将知识内化，让情感得到升华，并且让自身的经验得到积累，提高自己的书写能力。

2. 实习教学训练

教育实践是教师教育的重要组成部分，是贯彻理论联系实际原则最直接有效的综合实践课程。教师要引导学生充分利用书法教育实习的机会，学习与借鉴中小学书法教学的方法，加强对中小学书法教育的认识。鼓励学生积极参加书法教学实践，重点指导学生如何备课、书写教案，如何设定教学目标、分析教学内容、设计教学方法、预设教学过程、进行教学反思等。对学生的课堂教学采用师生共同评价研讨的方式进行，互相促进，共同提高，切实培养学生的写字教学能力。

第四章　汉语语汇与教学

语汇是词和语的总和，对语汇进行教学不仅能够提高学生的人文素质，还能够促进汉语的规范化。本章分为汉语语汇概说、汉语构词法和造词法、网络词语的产生与规范、现代汉语语汇的教学四部分，主要内容包括语汇的含义、语汇的形成与发展、语汇的构成、汉语构词法、汉语造词法、网络语言的定义与产生原因、网络语言的类型与特点、网络语言的规范、现代汉语语汇教学的意义、现代汉语语汇教学中的教学方法等。

第一节　汉语语汇概说

一、语汇的含义

语汇是语言的建筑材料，它是语言中的词和作为固定单位来使用的固定语的总汇。每一种语言都有自己的语汇。一种语言的语汇，通过其构成单位的意义，全面而概括地反映了使用这种语言的社会群体对自然现象和社会现象的认识。

现代汉语语汇是现代汉语所有词和固定语的总汇，它不仅包括像"你、我、他、人、太阳、工作、国家、家庭"这样的词，也包括像"一衣带水、歧路亡羊、拖后腿、赶时髦、黄鼠狼给鸡拜年——没安好心、膝盖上钉掌——离蹄（题）太远"等比词长而与词一样作为固定单位来使用的固定语；不仅包括共同语语汇，也包括方言语汇。

现代汉语共同语语汇与方言语汇，如粤方言语汇、湘方言语汇、吴方言语汇等不同，相对于方言来说，共同语语汇处于一个较高层次，是方言语汇服从和靠拢的中心。现代汉语共同语语汇以北方方言语汇为基础，吸收了方言语汇、古汉语语汇以及其他民族语言语汇的一些成分来丰富自己：从方言语汇中吸收

的，例如"蹩脚、把戏、货色、尴尬、识相（吴方言），雪糕、冰淇淋（粤方言），葵花、龙眼、马铃薯（闽方言），过细、过硬（湘方言）"等；从古代汉语中来的，如"底蕴、磅礴、如此、若干、与、教诲"等；从其他民族语言的语汇吸收的，如"葡萄、琥珀、沙发、白兰地、的士"等。

语言是随着社会的发展而发展的，而与社会联系最密切的是语汇。社会的发展，产生了许多新事物、新观念，语汇中就会有许多新词语来指称它们，例如"高压锅、电饭煲、电脑、互联网、网吧、博导"等。同样，社会的发展也使一些旧事物逐渐消失，反映这些旧事物的词语，使用频率逐渐降低，最后趋于消亡。同样由于时间的推移，有些词语的意义和用法也会发生变化。但从一个时期总的状况来看，语汇又保持着一定稳定性。从"五四"时期到 20 世纪末，现代汉语语汇的基础部分——基本语汇，还处于相对稳定状态，没有发生太大的变化。这是由语言作为交际工具的功能决定的。

二、语汇的形成与发展

在漫长的华夏文明发展过程中，汉语言是随着社会的不断变化而形成和发展的。众所周知，现代汉语中的单音节词几乎都是在先秦两汉时期就存在的。例如，上、下、日、月、木、本等。这些单音节的词经过数千年的发展又构成了大量的词语。因此，先秦两汉时期是为现代汉语基本语汇打下基础的朝代。

魏晋隋唐宋元时期，随着社会的发展，人们所要表达的事物也不断增多。加上佛教的传入，朝代的变迁，与外界交流逐渐增多，这样双音节的词语也就不断增多，并且一直被今人所用。因此，该时期对现代汉语语汇不断充实和加强起到了重要作用。

明清时期，现代汉语语汇已经系统地形成。五四运动之后就更进一步得到完善。新中国成立后，随着改革开放的不断深入，新生事物不断增多，又产生了不少新的词语。例如，新长征、电脑、网络、博客、宇宙飞船、远程教育、三农、追星族等。现代汉语语汇得到了较大的丰富。另一方面随着旧事物的消失，一些词语也从语汇中逐渐消失了。例如，进士、保长、造反派、红卫兵、生产队等。还有一些事物过去和现在都有，可是表示的词语却改变了。例如，过去叫"厨子"现在叫"厨师"，过去叫"追星族"现在叫"粉丝"。从上面的情况来看，语汇的发展变化主要表现在新词增加、旧词消失和旧词改换名称三个方面。今后仍然会随着社会的不断发展而朝这三个方向发展。

三、语汇的构成

现代汉语的语汇，是现代汉语中所有词语的总汇，其中的词语又是由语素构成的，因此，语素是构成词的材料。词是直接构成语汇的重要元素。熟语是汉语语言中定型的短语或句子，其意义具有整体性，使用时一般不能任意改变其中的词语。它是词的等价物。所以，熟语也是构成语汇的重要元素。

语素是直接构成语汇的元素吗？请看以下三个例子。

① "我们来学习。"其中"我们"是一个词，是构成语汇的一个元素。而其中的"我"和"们"分别都是两个语素。语素是不能直接构成语汇的。

② "我来学习。"其中"我"不再是一个语素了。而是一个由语素"我"独自构成的一个人称代词"我"。这样"我"就以词的身份取得了构成语汇的权利了。这仍然表明词是构成语汇的元素。

③ "谁来学习？""我！"其中的"我"不仅是由语素"我"独自成词，而且还独自成句了。正因为这样，所以我们不能说句子是构成语汇的元素，尽管"我"是语汇中的一员。

综上所述，现代汉语语汇是由现代汉语中所有的词（词的等价物）和熟语所构成的。语素并不能直接构成语汇。只有独自成词后，才能构成语汇。

第二节　汉语构词法和造词法

一、汉语构词法

（一）复合法

所谓复合法是指将两个自由语素或准自由语素组合在一起构成一个新词的方法。由复合法构成的词，不妨称作"复合词"。比如：

A 类：命大　分割　可贵　不过　离开　嫁接　梦见

B 类：人民　米色　谋私　结构　国法　求助　坑道

C 类：思想　午饭　观点　淀粉　颁发　缓慢　彩车

D 类：规范　私营　更迭　困境　衣服　诱导　翱翔

上述例子中，A 类词的语素都是自由语素，如"梦见"中的"梦"和"见"都可以独立成词；B 类词，前一个语素是自由语素，后一个语素是准自由语素，如"人民"中的"人"是自由语素，"民"是准自由语素；C 类词，前一个语

素是准自由语素，后一个语素是自由语素，如"午饭"中的"午"是准自由语素，"饭"是自由语素；D类词的语素都是准自由语素，如"私营"中的"私"和"营"都不能独立成词。

众多的复合词，其内部语素和语素之间的关系其实是不同的。根据这一点，复合词可以分为以下几类。

1. 并列式

前后两个语素地位平等，不分主从。或者意义相同，如道路、籍贯、根本、斟酌、应该、美丽、将领、搪塞；或者意义相近，如爱护、材料、控诉、能够、残忍、可能、排斥、片段；或者意义相反，如买卖、开关、高低、好赖、甘苦、横竖、来往、呼吸；或者意义相关，如领袖、口齿、血汗、骨肉、嘴脸、心胸、罗网、笔墨。

2. 偏正式

前一个语素在意义上修饰限制后一个语素，前者为偏，后者为正。被修饰限制的语素有的表示事物、现象，如电脑、懦夫、懒汉、导师、学历、看台、架次；有的表示动作、行为，如蔑视、暗杀、空投、好吃、难看、耳语、冷笑；有的表示性质、状态，如雪白、鲜红、飞快、火热、天蓝、臭美、清凉。

3. 陈述式

在意义上，语素之间有说明与被说明的关系，前一个语素是被说明的对象，后一个语素表示说明的情况。例如，地震、政变、心疼、年轻、口吃、眼红、肉麻、嘴硬。

4. 支配式

语素之间有支配与被支配的关系，前一个语素表示动作行为，后一个语素表示动作行为所支配的对象。例如，关心、跑步、道歉、刺眼、平反、接吻、出席、吹牛。

5. 补充式

语素之间有补充说明关系，后面的语素在意义上补充说明前面的语素。这类格式一般是前面的语素表示动作行为，后面的语素从结果或趋向角度加以补充说明。例如，促进、推广、改善、纠正、看透、说明、揭露、拉拢。另外一种格式是前面是表示事物的语素，后面是表示计量单位的语素：车辆、马匹、枪支、船只、事件、人口、诗篇、布匹。"车"单用时可以指一辆车，也可以指很多车，但加上"辆"构成"车辆"就变成了总称。其他几个词情况也相同。

6. 连谓式

两个语素都表示动作行为，通常有先后的关系。例如，盗卖、割据、查办、报考、接管、提审、剪贴、投靠、查封。

7. 叠加式

词根语素重叠。例如，处处、家家、每每。

（二）派生法

现代汉语中，我们还碰到这样一些词，如"阿姨""桌子""骗子"等。在各自的构词材料中，有一个是自由语素或准自由语素，如"姨""桌"和"骗"；另一个是黏着语素，如"阿"和"子"。这种将一个自由语素或准自由语素和一个黏着语素组合到一起构成一个新词的方法，叫作"派生法"。由这种方法构成的词叫作"派生词"。

黏着语素，又叫词缀；词缀可分为前缀和后缀。根据这一点，派生词可以分为以下两类。

一是前缀 + 词根，即黏着语素在自由语素或准自由语素之前的派生词。例如：

老：老师　老鼠　老王　老三　老婆

小：小王　小李　小张　小二　小三

二是词根 + 后缀，就是黏着语素在自由语素或准自由语素之后的派生词。例如：

子：桌子　面子　疯子　嫂子　瓶子

头：木头　石头　风头　罐头　舌头

儿：盆儿　头儿　棍儿　门儿　脸儿

巴：哑巴　泥巴　下巴　干巴　窄巴

气：阔气　傲气　秀气　硬气　小气

乎乎：热乎乎　潮乎乎　胖乎乎

溜溜：灰溜溜　稀溜溜　滑溜溜

滋滋：喜滋滋　乐滋滋　甜滋滋

派生词中的词缀，没有实在的意义，它或凑足音节，或改变词性，或描摹一种状态，但它有时能改变一个词的词汇意义，比如"党性≠党"。有的黏着语素与自由语素或准自由语素是同形的，如"老、子"，在"老头"和"莲子"中是有实在意义的，这时不是词缀。

（三）类派生法

类派生法是介于复合法和派生法之间的一种构词方法。它指的是将自由语素或准自由语素与类词缀组合到一起构成新词的方法。类词缀具有这样两个特点：有一定的词汇意义，但它在合成词中的位置趋于固定。这两个特点使它既不同于准自由语素，又不同于词缀。和准自由语素相比，它虽有一定的语素意义，但位置是固定的；和词缀相比，它的位置虽然趋于固定，但它还保留一定的语素意义。类词缀的这种性质使它有时与准自由语素或词缀产生一定的瓜葛。

类词缀，根据其在合成词中的位置，可以分为类前缀和类后缀。

1. 类前缀

类前缀是指在合成词中位于自由语素或准自由语素之前的类词缀。例如：

初：初赛　初稿　初等　初恋　初伏　初评

非：非法　非金属　非卖品　非正式　非正当　非礼　非人　非命

可：可变　可悲　可靠　可爱　可怜　可见　可笑　可口

本：本行　本家　本性　本校　本土　本部　本体　本钱

超：超额　超音速　超高压　超短波　超声波　超自然　超龄　超导

2. 类后缀

类后缀是指在合成词中位于自由语素或准自由语素之后的类词缀。例如：

者：记者　编者　学者　长者　能者　读者　作者　笔者

家：画家　作家　行家　姑娘家　演奏家　渔家　杂家　专家

员：教员　学员　队员　卫生员　驾驶员　党员　会员　演员

手：老手　对手　歌手　选手　帮手　助手　吹鼓手　能手

师：教师　画师　讲师　医师　会计师　理发师　律师　厨师

迷：戏迷　球迷　网迷　歌迷　棋迷　财迷　舞迷　影迷

族：打工族　追星族　工薪族　上班族　名牌族　贵族　大族　家族

界：学界　教育界　文艺界　影视界　金融界　商界　报界　政界

鬼：烟鬼　酒鬼　色鬼　懒鬼　穷鬼　饿鬼　胆小鬼　死鬼

热：出国热　文凭热　读书热　气功热　琼瑶热　旅游热　消费热

度：热度　程度　长度　广度　光洁度　新鲜度　能见度　频度

此外，还有很多其他类后缀。

二、汉语造词法

（一）造词法的含义

造词法就是创制新词的方法。给事物命名的行为是造词问题，命名时使用的方法就是造词法问题。人们在造词时，可以根据本民族的语言习惯，掌握和运用现有的语言材料组成各种各样的新词。在组成新词的过程中，人们使用的方法是多种多样的，这些为事物命名创制新词的方法，就被称为造词法。

（二）造词法的种类

就现代汉语而言，造词的方式有哪些呢？主要有以下几种。

1. 直义造词

所谓直义造词，是指通过一定的语音形式（词语的产生总是先有口头上的语音形式后才可能有书面上的书写形式）直接表示某种意义这一方式来造词。对单纯词来说，特定的语音形式和一定的意义之间的联系是任意的，如"水""电""霸"等。对合成词来说，它的意义往往是通过构成这个合成词的语素意义的直接组合来表示的。词典中，有的词义和语素意义之间的关系非常直接，如"红枣""病危""大海"等；有的词义和语素意义之间的关系没有这么直接，在理解词义时，除了知道语素意义之外，还要根据我们对世界的感知经验对语素意义进行适当的补充，例如"水电"，不是"水和电"的意思，也不能简单地理解为"水的电"，而是指"利用水力的驱动而发出来的电"。

2. 比喻造词

所谓比喻造词，是指通过比喻表示某种意义这一方式来造词。通过这种方式造出来的词，语素和语素之间存在本体和喻体的关系。例如，"蝴蝶结"的意思是"打出来的结像蝴蝶一样"，这里，"结"是本体，"蝴蝶"是喻体。再比如"刀子嘴"，它并不是"刀子的嘴"的意思（比较"狗嘴"：狗的嘴），而是指"嘴像刀子一样，容易伤人——形容说话尖刻"，进而可转指为"说话尖刻的人"。

通过比喻造出的词，表示本体的语素（简称"本体语素"）多在表示喻体的语素（简称"喻体语素"）之前，如上例；但本体语素也可以在喻体语素之后，如"麦浪""人流""瀑布"等。

由于本体语素既可以在喻体语素之前，又可以在喻体语素之后，因而在造表示同样意义的词时，有的人把本体语素放在喻体语素之前，有的人把本体语

素放在喻体语素之后，这样就出现了异体词，如"熊猫"和"猫熊"。由于同样原因，一种形状像花一样的蔬菜，有的地方称之为"菜花"，有的地方则称之为"花菜"。在理解这样的词时要注意本体语素是什么，否则会影响对词义的理解。比如"熊猫"不是"猫"，而是"熊"，作为蔬菜的"菜花"不是"花"，而是一种"菜"。

修辞学上所说的比喻，有明喻、暗喻和借喻之分，其中，明喻和暗喻都出现本体和喻体，只是比喻词不同而已，而借喻则只出现喻体，本体并不出现。这三种不同的比喻表现在造词上则只有两种：一种是本体语素和喻体语素都出现，另一种是只出现喻体语素，本体语素不出现。属于后一种的例子如"鸡眼"，它不是"鸡的眼睛"的意思，也不是"像鸡一样的眼睛"的意思，更不是"鸡像眼睛一样"的意思，而是"鸡、眼"这两个语素组合在一起后构成喻体，表示一种皮肤病，指的是"脚掌或脚趾上角质层增生而形成的小圆硬块"，样子像"鸡的眼睛"。再比如，"佛手"也不是"佛的手"的意思，而是指一种果实，色鲜黄，下端有裂纹，形状像半握着的手；"猫眼"是指安在门上、形状像猫的眼珠子一样的光学仪器。

3. 借代造词

所谓借代造词，是指通过相关联想来表示意义的一种造词方式。用这种方式造出来的词，词义不是语素义的直接合成，语素与词义之间的联系也不是通过比喻这种方式，而是与这些语素义所指示的人或事物相关的某种意义。比如"须眉"并不是直接指"胡须和眉毛"，而是指与"胡须"相关的"男性"；"骨肉"也不是字面的"骨头和肉"的意思，而是指"父母、兄弟、子女等亲人"，由这种意义进而引申为"紧密相连，不可分割的关系"。

通过借代来表示词语的意义，可以有不同的方式。①可以通过相关的特征来表义，如上例中的"须眉"，"须"是男性的特征；其他的如"巾帼""乌纱帽"等。②可以通过相关的材料或工具来表意，比如，"笔墨"之所以可以用来指"文字或诗文书画"等，是因为我们在写字、作画时需要笔和墨；用"口齿"来指"说话的发音"，是因为我们在说话时需要利用口和牙齿。③通过相关的动作来表义，表示与此动作相关的人或事物，如"裁缝"用来指"缝制衣服的人"，"开关"用来指"电器装置上接通和截断电路的设备"。④通过部分来表示整体的意义，如"眉目"，通过"眉毛和眼睛"这两部分来表示人的"整个容貌"。

4. 摹声造词

摹声造词是用人类语言的语音形式，对某种声音加以模拟和改造从而创制新词的方法。事实上，这就是把某种声音语言化，使其变成了语言中的词。

汉语中的摹声法造词可表现为两种情况：一种是模仿自然界事物发出的声音来造词。根据事物发出的声音给事物命名的，如猫、鸦、蛙、蛐蛐、蝈蝈、呼噜；根据事物发出的声音创制新词，以描写该事物性状的，如哪、嗯、唉、呸、哎呀、哼哼、哈哈。另一种是模仿外族语言中某些词的声音来造词。平常大家都把这类词称为音译词。事实上，音译词就是一种摹声造词，只是它模拟的对象是外语词的声音罢了。例如，咖啡（coffee）、沙发（sofa）、夹克（jacket）、吉普（jeep）。

以上两种情况虽然模拟的对象不同，但它们却有一个共同的特点，那就是它们都是用汉语的语音形式对这些被模拟的声音加以改造，以使它们符合汉语语音的特点。这种模拟改造的过程，就是用摹声法造词的具体过程。

前面已经指出过，造词法是就一定的语音形式与特定的义项之间的关系来说的，因此对一个多义词来说，就同一个语音形式与不同的义项之间的关系来看，它可能使用了不同的造词法。例如，"包袱"的义项有：①包衣服等东西的布；②用布包起来的包儿；③比喻某种负担。就第①个义项而言，用的是直义造词；第②个义项用的是借代造词，这里是用工具代结果；第③个义项用的是比喻造词。

（三）造词法与构词法的区别

如前所述，同一个对象可以从不同的角度去进行分析。造词法是就词语的表意方式而言的。语言中的词，表义的方式可以不同，有的通过一定的语音形式直接表示某种意义，有的则通过比喻的方式表义，有的则通过借代的方式来表义。而构词法则是从语素与语素之间的关系来说的，既是关系，就必须涉及两者。因此构词法所研究的对象必定是由两个或两个以上的语素构成的词——合成词，单纯词没有构词法可言；造词法则不然，它所研究的对象——词，既可以是合成词，也可以是单纯词。

就合成词而言，由于造词法和构词法是从不同角度来说的，所以，对同一个合成词进行分析的结果是不同的。比如，"洗衣机"，就造词法来看，它是直义造词；就构词法来看，它是偏正式复合词。

由于同样的原因，合成词的构造方式与上述几种造词方式之间并不存在对应关系。同样是偏正式复合词的"林立""冰凉""笔试""绝妙"，从造词法来看，前两者采用的是比喻造词，后两者则采用的是直义造词。反过来看，同样是利用直义方式造出来的"密谈""月票""来往""夫妻"，前两者是

偏正式构词，后两者是联合式构词。对一个多义词来说，不管它有几个义项，它们的构词方式总是一定的，但就造词法而言，各义项在造词方式上可能相同，也可能不同。例如，"背离"有两个义项：①离开；②违背。就造词法来说，这两个义项用的都是直义造词法。"黑白"也有两个义项：①黑色和白色；②比喻是非、善恶。但这两个义项用了不同的造词法：①义项用的是直义造词法，②义项用的是比喻造词法。

第三节　网络词语的产生与规范

一、网络语言的定义与产生原因

网络语言，有广义和狭义两个角度的理解。广义的网络语言是指网络时代出现的，与网络有关的专业术语或特别用语，如鼠标、软件、宽带、电子商务、信息高速公路、第四媒体等。狭义的网络语言是指网民们在网络交流这种新兴文化中所使用的新的语言。我们讨论的是狭义的网络语言。

网络语言作为现代汉语的一种特殊变体，其产生的原因可以从两个方面来分析：首先，从客观条件来看，网上信息的丰富性和生活节奏的快速性，使网民们必须在一定的时间内获取尽可能多的信息，并实现最大化交流。这促使他们努力提高文字的输入速度，并尽量减少字符，于是出现了诸如网络通假字、数字、缩略语等语言形式，体现了经济性原则。另外，计算机微软操作系统所使用的输入法也是一个影响因素。网民在拼写词语时所显示的最前面的字词往往不是他们所需要的字词，为了节约时间，他们选择大量同音词代替。后来这些同音词逐渐被人们认可，通行起来。这是网络通假字产生的重要原因。其次，网民这个群体以年轻人为主，他们朝气蓬勃，蔑视传统，有极强的创新精神。网络给予了他们张扬个性的广阔空间。千奇百怪的新词新语也就由此被创造出来。这是网络语言产生的主观因素。有些网络语言并非一味向简洁化发展，比如把"的"写成"滴"，把"我"写作"偶"，这是网民群落叛逆、张扬的群体特征使然。

因此，网络语言的出现除了得益于网络技术的发展之外，对输入速度的追求、对网络交际中人情味和形象化的追求、对个性化和时尚感的张扬等都是催生其产生的必不可少的因素。另外，从语言发展的角度，我们也可找到其存在的理据。语言与社会的关系，美国有学者非常明确地称之为"共变"关系，提出"语言和社会结构共变"的理论：当社会生活发生渐变或激变时，作为社会现象的语言会毫不含糊地随着社会生活进展的步伐而发生变化。新词语大量产生，一些旧词被赋予新的意义，部分旧词渐渐地转入休眠状态。语言学家陈原先生在他的《社会语言学》中也说："凡是社会生活中出现了新的东西，不论是新制度、新体制、新措施、新思潮、新物质、新观念、新工具、新动作，总之，这新的东西千方百计要在语言中表现出来。不表现出来，那就不能在社会生活中起到交际作用。"因此，网络这一新生事物的产生，表现在语言上就是以极大的冲击力激活了词语，成批涌现的网络习语突破语音、词汇、语法的规约，以全新的姿态畅行于网络世界。

二、网络语言的类型与特点

（一）网络语言的类型

1. 数字型

数字型网络语言运用数字谐音，表达汉语要表达的意思，如 555，就是哭泣"呜呜呜"的意思；886，就是"拜拜了"；521，就是"我爱你"。数字型网络语言简单明了，但需要在一定语言环境中才能明确其具体含义。

2. 翻译型

翻译型网络语言一般来自外语，在网络使用中根据原文发音，直接翻译成汉语，如 good morning 被翻译成"鼓捣猫"，e-mail 被翻译成"伊妹儿"，show 被翻译成"秀"。翻译型网络语言能够产生非常幽默的效果，但同时也对外来语和汉语缺少一定的尊重。

3. 字母型

字母型网络语言运用字母特点，通过字母组合产生一定意义。例如，MM就是妹妹的意思，BT 就是变态的意思，字母型网络语言应用也比较广泛。

4. 符号型

符号型网络语言运用标点符号，组成各种各样的图形，用图形表达各种情态。例如，^_^ 表示高兴，O 表示喔。符号语言是最具创意性的网络语言，在应用中能够达到图文并茂的效果。

5. 同音型

同音型网络语言主要依靠谐音。计算机上的汉语输入方法多种多样，拼音

打字必然会产生音同字不同的情况，或产生谐音表达的幽默语境，网民会在不经意间造出同音型网络用语。

6. 新造类

新造类网络用语是与传统语言习惯相背离的语言，是交流过程中衍生出的一种表达方式。例如，"你造吗"就是"你知道吗"，"酱紫"就是"这样子"的意思。新造类网络语言需要一定的规范，以避免出现与汉语规范完全脱离的现象。

（二）网络语言的特点

1. 网络语言的内容特点

（1）创新性

网络语言的典型特点是创新性。网络语言的创新性重点表现在两个方面：①形式方面。网络语言通过以下多种形式表达含义：数字、视频、动画、符号、图片等。②语义方面。网络语言的语义创新集中体现在网络语言的自我更新，即新的网络词语快速出现，且很快被人们在网络上使用。

（2）会意性

网络词语的构词形式多种多样，可谓是千奇百怪、千变万化。很多网络词语仅通过汉字、符号、图片的简单组合即可明确体现出使用者要表达的意思。例如，形容网民在线方式的网络词语有"潜水""隐身"等。除此之外，还有"囧""踩"等网络词语，其均具有一定的会意性特征。

（3）简约形象性

网络语言内容除了具有创新性及会意性等典型特点之外，还具有简约形象性。例如，在网络上网民常用网络语言"3Q"代替"thank you"，用网络语言"：)"表示"开心"等。从上述网络词语中我们不难看出，网络语言的内容还具有简约形象性的特点。

2. 网络语言的传播特点

（1）随意性

众所周知，在网络世界中人们是自由的、开放的。正因为如此，网络语言具有了自由性和开放性的特征。网络语言的创造者及使用者在网络中使用网络语言并不会考虑到其是否规范。因此，在构词上也表现出了随意性的特点。例如，将"大侠"说成"大虾"，将"版主"说成"斑竹"，将"好的"说成"好滴"。甚至还出现了一些诸如"I服了U（我服了你）""有木有（有没有）"

等网络语言。这样的网络语言在构词方面无疑是错误的，若长期使用会对正确运用语言产生不利影响。更值得注意的是，这些网络词语却在网络上随意传播，很多网民似乎并不在意。

（2）爆发性

很多网络语言往往会在短时间内在网络上爆发性传播，其传播速度之快、传播范围之广往往令人咋舌。例如，在网络上曾经一度出现"范跑跑""楼歪歪""周老虎""打酱油""俯卧撑""躲猫猫"等词，这些网络词语往往是由于某个特定事件而产生的，一旦产生便在网络上迅速传播。这些网络词语在网络上迅速传播之后，很快又会被人们遗忘。但提及当年的这些网络词语，很多人却又记忆犹新。

三、网络语言的规范

网络词语从第一次在网上出现，再经过广泛传播，又经过大浪淘沙、反复筛选，到最后沉淀下来，获得语言学家的肯定，进入主流媒体，就获得了长久的生命力。对于网络词语，我们需要进行全面、客观的分析，要了解它们出现的必然性，发挥它们的积极作用。当然，部分不符合语法规范、任意构造的词语，是需要我们有意识地摒弃的。

网络语言的形成和特点与网民上网心理、网络传播的特点以及网络技术条件等因素紧密联系。网络语言是一种非正式语言，它由网民创造，在网络及生活中流行，最后有的被传统媒体接受并使用。但是，那些内容比较低俗、构词形式不符合传统语言规范的网络词语，显然是不会被传统媒体接纳的，也不会有长久的生命力。

网络语言中有很多不符合汉语语法规范，也不符合英语语法规范，甚至是错误的词语，如"表（不要）""good good study，day day up（好好学习，天天向上）""CU（see you，再见）"，这类词语因为输入快捷、形式简单、含义确切，故而在网络上很受欢迎，有相当高的使用频率，但却不符合语法规范，在日常语言表达中几乎是不常见的。

网络语言追求简约、创新，不迎合传统语言的规范，因此构成的词组或句子也就充满了相悖之处。网络语言中有一种常见的四字词语的简称，如"喜大普奔（喜闻乐见＋大快人心＋普天同庆＋奔走相告）"，就是把一个相对完整的长句子缩略为四个字，而这四个字并非句子语义唯一的支撑点，因此构成的新词不符合汉语词组的构成规律。

在认识到网络语言鲜明特点的同时，我们也必须充分认识到，有一部分网络词语严重污染了我们的母语，并带来了一系列的负面影响，我们不能听之任之，必须对其进行合理的清除，以纯洁汉语。例如，"屌丝"这个词语，"屌"在古汉语里本来就有骂人的意思，网民们在百度贴吧首创"屌丝"一词，是"矮、穷、矬"的代名词，传递了一种消极情绪，意义比较低俗，应引导网民有意识地摒弃。

又如一些错别字和不规范的用法。在网络语言中，有的错别字是在打字过程中出现却又不愿改正的，如"油饼（有病）"等，但更多的是故意使用错别字，如把"你"说成"泥"，把"这样子"故意说成"酱紫"等。这些用法既给读者造成了一定的理解困难，又不符合语法规范，破坏了汉语规范化进程。

总之，对网络语言这种新的语言现象，我们要用动态的、宽容的态度进行辩证的、系统的分析，一方面要意识到部分网络词语内容低俗、不符合现代汉语语法规范，另一方面更要看到网络词语丰富了汉语词汇系统，有一定的存在意义。我们不能用通常语言文字的使用标准去强求，因为语言现象的兴废并不是语言学家所能左右的，也不是所有的语言创新都能存留下来，语言成分的去留最终还是取决于语言系统的自身规律。

四、网络语言的发展方向

（一）网络语言更加规范发展

网络语言诞生于网络时代，其发展基础是母语，同时吸收多种语言特点，随着网络发展的多样化呈现多样化。任何一个国家的网络语言都要以母语为基本规范，网络语言因其特殊性，使母语与其他语言的结合变得自然顺畅。无论是在网络环境下，还是在非网络环境下，网络语言的应用都要注意使用场合和使用对象。以母语规范为参考标准，以融合发展为目标，是网络语言发展的文化标准。对网络语言进行一定的约束是语言规范性的表现。语言作为一个国家一个民族沟通交流的工具，必须要以国家民族的历史背景为基调。不加规范会使网络语言陷入不良境地，造成网络语言无法长期发展。

（二）网络语言的发展和表现更具艺术性与欣赏性

文化与艺术是语言发展的根基。汉语的魅力在于其深厚的意境和美妙的语境。网络语言发展倾向于文化性与艺术性，要从汉语发展的角度考量网络语言的发展现实。网络语言虽然来自网络环境，但也是语言发展的一个体现。网络语言形成文化与艺术特性，需要加强自身的形成过程，在良好环境下发展，在严格体制下规范运行。网络语言的文化特性和艺术气质可以使网络语言更具时代活力，经典的网络语言也会流传后世。

（三）网络语言将成为主体语言的补充

语言是植根于社会发展现实的产物。互联网随着时代与社会的发展，带动全民生活新发展。网络语言在网络社会发展中，逐渐成为具有引导性和补充性的语言。例如，在汉语无法进行充分表达的情况下，可以运用网络语言直接沟通。网络语言类型丰富，使用简单，受到年轻人的青睐。引导性和补充性就是为了能够将网络语言的作用逐渐扩大，形成对汉语的补充，使汉语表达更具活力，打开汉语发展的新篇章。

第四节　现代汉语语汇的教学

一、现代汉语语汇教学的意义

（一）现代汉语语汇教学可以提高学生的人文素质

现代汉语的语汇有着丰富的文化内涵和民族特点。就语汇的历史性来看，语汇是随着社会的发展而发展，随着时代的变化而变化的，所以我们常说"一个时代有一个时代的语汇"，反过来，一个时代的语汇反映了这个时期的政治、经济、文化、社会、风俗习惯等面貌。例如，"皇帝、大臣、丫鬟"等词，表明了古代人的社会身份，体现出阶级性。"求见"表示了古代的人际关系，"状元、榜眼、探花"反映了古代考试制度，"指南针、造纸术"反映了古代科学技术水平。中国社会发展的各个历史阶段都在语汇上留下了明显的痕迹。这恰恰是学生可以从中学会中国文化的途径之一。另外，大量的汉语词语自身载有特定的文化意义，这体现出语汇的民族性。例如，"成语"这部分内容，《现代汉语通论》教材中明确提到，汉语成语在内容上"无不体现出中国悠久而丰富的历史底蕴，其素材都跟中国，特别是汉民族的历史有关，反映出汉族人民的风俗习惯、思维方式"。因此成语的意义往往受到民族文化传统深刻的影响，这也要求学生在学习成语的时候不要望文生义，把一个成语看作一个整体来理解其意义，才不会出现错误。有些来自寓言故事、历史故事的成语，学生了解了这个故事就会更好地理解成语的意思。同时，学生也可以从中学习到更多的中国历史文化知识。

（二）现代汉语语汇教学促进汉语的规范化

现代汉语语汇教学的进行能够引导学生对汉语语汇进行正确使用，从而能够对汉语的规范化起到促进的作用。不管是语言文化的传承还是语言文化的发展，都具有一定的独立性。语言文化在维持其独立性的同时，也需要兼容并蓄。因此，网络语言、外来词语越来越多地进入了汉语的语汇，一方面体现了我们的科学技术发展速度飞快，新鲜事物层出不穷，另一方面体现了我们与世界的接轨，但是与此同时也对现代汉语语汇的规范有了很大的冲击。这就要求教师在语汇教学中正确地引导学生如何使用汉语的语汇，指导学生如何区分词语，什么样的词语是符合规范可用的，什么样的词语是不规范的、慎用的。这对现在与网络密切接触的大学生来说尤为重要。

二、现代汉语语汇教学中的教学方法

由于现代汉语语汇十分重要，学生在学习的过程中又存在这样或那样的问题，因此研究现代汉语语汇的教学方法就十分重要了。

（一）改变以往的教学方式

教师要想让教学目标得到实现，教学效果得到提高，就必须对教学方法加以重视。在进行教学的时候，教师既应该讲清语汇的结构类型与特点，也应该对词语形成的原因进行更加深入的探索。这样做，不仅能够提高学生学习的兴趣，还可以让学生了解与掌握更多汉语语汇具有的文化价值。

（二）引导学生养成正确的学习方法

教师不光要教，还要指导学生学，指导学生有目的有针对性地主动学习，这就需要教师在传授知识的同时，指导学生养成良好的学习方法。学生不能一味地听教师传授知识，也要主动地参与其中。教师要善于启发、引导学生发现规律、找出问题、积极思考，并能针对教学的具体内容和学生的实际情况进行有效的练习和实践。从现今的语汇教学来看，有的教师善用比喻说明抽象的理论，有的教师善于从生活中找到实例激发学生兴趣，有的教师善用图表标明教材内容内在关系帮助并加强学生的理解，这些教学方式和教学方法都有很强的借鉴价值。

（三）注重研究方法

语汇是语言中变化、发展最快的部分，在我们的生活中经常会出现一些新鲜有趣的词语现象，教师应在学生观察的基础上，指导学生运用教材中的各种分析方法进行初步研究。教师也可以向学生请教一些新出现的词语，特别是对网络语言的观察、分析，学生是创造力和模仿力都很强的年轻人群体，他们对网络语言的接受、发挥、传播，有着特别的优势。教师可以很好地利用这种优势，调动学生学习的积极性，最好能在语汇教学方面使师生共同进步和提高，最终促进学生语言能力的发展和综合素质的提升。

当今大学生是今后社会上的生力军，是语言的重要使用者和创造者，他们具有重要的创造力和传播力，在不久的将来会成为中国社会的中坚力量。因此，加强现代汉语语汇教学，让当代大学生正确掌握汉语语汇，规范汉语表达及运用，是促进现代汉语健康发展的一个重要手段和途径。

第五章 汉语语法与教学

语法指的就是语言的结构规则，能够对语言实践起到指导的作用。对语法进行教学，不仅是现代汉语学科发展的内在需求，而且还是现代汉语教学发展的内在需求。本章分为汉语语法概说、汉语的句法成分、汉语语用原则、现代汉语语法的教学四部分，主要内容包括语法与语法学、语法的性质、句子的性质与特点、汉语句法成分及其构成、合作原则、礼貌原则、现代汉语语法教学的重要性、现代汉语语法教学科学开展方法与途径等。

第一节 汉语语法概说

一、语法与语法学

（一）语法

语法是语言的结构规则。打个比方，建造房屋必须有砖瓦、沙石、钢筋、木材、水泥、石灰等材料，但是光有材料不行，还必须按照一定的规则把这些材料组合起来，才能建成房屋。语言也一样，语言不能没有材料，也不能没有规则。语汇就是语言的建筑材料。一种语言里有成千上万的词，这些词只不过是一大堆零散的材料，只有按照一定的规则把这些材料有机地组合起来，才能成为句子，表达一定的意思。比如有这样一些词：

学生｜教室｜非常｜布置｜把｜得｜漂亮

这些词如果就这么杂乱无章地放在一起，那么它们除了自身的词义之外，再也不能表达什么其他的意思。但是，如果按照一定的规则把它们搭配排列起来，那么它们就可以成为一个表达一定意思、人们可以理解的句子。比如，搭配排列成：学生把教室布置得非常漂亮。这个句子无论是从词语的搭配看，还

是从词语的排列看，都反映了一定的规则。

从词语的搭配看，"教室"可以跟"把"搭配，"漂亮"可以跟"非常"搭配。能够跟"把"搭配的，必须是表示人或事物的词语。比如，可以说"把教室"，但不能说"把布置""把漂亮"；能够跟"非常"搭配的，一般是表示性质或状态的词语。比如，可以说"非常漂亮"，但不能说"非常学生""非常布置""非常教室"。从词语的排列看，"把教室"放在"布置"的前边，而不能放到"得"的后边；"非常漂亮"放在"得"的后边，而不能直接放到"布置"的前边。可见，词语能否搭配，又怎样排列，都是遵循一定的规则的。

语法是语言的要素之一。作为语言的结构规则，语法对人们的言语行为（话语表达和话语理解）具有极大的约束力。一方面，从表达上讲，语法规定着人们怎样组织句子。前面一例就说明，用词组句，是受到语法规则的约束的。另一方面，从理解上讲，语法指示着人们如何领会句子。句子的组织是根据一定的规则，并通过一定的手段来实现的。因此，句意的领会也需要依靠一定的规则和手段来完成。句子的意思并不等于词语意思的简单相加，而是词语按照一定的规则组合起来所表达的意思。人们要对句意做出准确无误的理解，同样也不能脱离对语法规则的把握。

（二）语法学

人们平时所说的"语法"，实际上有两个含义。例如，"说话写文章要合语法"与"今天我们开始学习语法"，这两句话中的"语法"的含义不一样。前一句，"语法"是指语言的结构规则本身；后一句，"语法"是指研究语法规则的科学，即"语法学"。语法和语法学之间有着密切的联系，但是，它们又不是一回事情。语法作为语言的结构规则，它是一种客观存在；语法学是对客观存在的语言结构规则的反映，它带有一定的主观性。

由于研究对象、研究方法、研究目的等方面的不同，语法学形成了各种不同的种类。从研究对象看，如果着眼于时限，有历时语法和共时语法；如果着眼于范围，有普遍语法和语别语法。历时语法是对不同时期的语法做历史的考察；共时语法是对某一时期的语法做断面的考察；普遍语法以各种语言为对象，总结适用于各种语言的普遍法则；语别语法以某一具体语言为对象，概括某一具体语言的特有法则。从研究方法看，有比较语法、描写语法。比较语法着力于揭示不同语言的语法异同；描写语法着力于刻画某种语言的语法构造。从研究目的看，有理论语法和教学语法。理论语法又称专家语法，目的在于描写事实，阐明规律；教学语法又称学校语法，目的在于讲解法则，指导运用。

二、语法的性质

（一）抽象性

任何语法规则都是从大量的具体的语言现象中抽象出来的。语法的特点就在于它的概括性，它把语言当中的词和语加以抽象化，而不管它的具体内容。比如汉语语法中有一条规则：名词不与否定副词"不"直接组合。这条规则不是针对某个名词，而是几乎适用所有名词。再比如汉语句子有"主语—谓语—宾语"的结构规则，同样，这条规则不是指具体某个句子，我们可以按照这条规则造出无数句子。

（二）稳固性

稳固性也是语法的主要特点，与语言的其他要素相比，语法的发展变化是最缓慢的。比如现代汉语中的主谓宾结构，早在三千年前的汉语书面语中就已经存在，像甲骨文中的"壬亥杀我"。当然，稳固性并不等于不变性，我们说语法发展最缓慢，这就意味着它还是在发展，在变化的。

（三）民族性

不同民族的语言都有自己的语法系统，如果把不同语言间的语法进行比较，就会发现它们之间的差别。比如：英语有丰富的形态，汉语就没有这种严格意义上的形态；汉语量词非常丰富，使用很复杂，而英语却没有量词。例如，汉语说"两位老师"，英语说"two teachers"；汉语说"三本书"，英语说"three books"。英语中的"-s"是形态，表示复数，汉语没有这种特点；相反汉语数词不能直接修饰名词，一定要与量词组成数量短语后再修饰名词，上例中"两老师""三书"的说法都不符合汉语语法，而英语则不用量词，数词"two"和"three"直接修饰名词。

三、语法单位

语法是一个系统，这个系统由语素、词、短语、句子等单位组成，它们处在不同层面上，按照一定方式、一定关系构成一个严密的体系。

（一）语素

语素是语言中最小的语音、语义结合的语法单位。这一定义揭示了语素的内涵："最小的""音义结合"。在语言中，最小的单位不止一种，音素、义素都是最小的。不过音素只有音没有义，是语音的最小单位；义素只有义，没

有音，是语义的最小单位。而语素是音义结合的最小单位，从语法学的角度看，它不能再分析。语素是构成词的要素，有些语素既能与其他语素组合成词，也能独立成词，如"山""人""面""花"等；有些语素不能独立成词，只能作为构词的成分，如"机""吝""伟""者"等。

（二）词

词是最小的能独立运用的语法单位。它是比语素大一级的语法单位。词也是音义结合体，说它是"最小的"，是指在"能够独立运用"的前提之下而言的。词是构成短语或句子的材料，有些词在一定语境下可以独立成句，如"火！""蛇！"。

（三）短语

短语又叫词组，是由两个以上的词按照一定的规则组合而成的语法单位。作为短语，它必须由两个以上的词组成，但两个以上的词连在一起不一定就是短语。比如，"非常喜欢"是短语，"喜欢非常"就不是短语，因为后者不符合汉语的短语构成规则。

（四）句子

句子是由词或短语构成，能够表达一个相对完整意思的语言使用单位。口语中，句子都有一定的语调，句与句之间有较大的停顿；书面语中，句子的末尾用句号、问号或感叹号来表示语调和停顿。句子能体现一个人说话的意图，表达一个相对完整的意思，或陈述一个事实，或发出一个疑问，或抒发一个感叹，或提出一个要求，等等。句子是语言的动态单位。为了达到交际的目的，句子必须有一个特定的语调，语调是句子的一个重要标志。有的句子较长，可以由几个词或短语按照一定的语法规则一层一层地组合起来。有的句子很短，即使一个词也可以成为句子。

句子、短语和词都是语言单位，但句子同词和短语有本质的区别。词、短语都是语言的静态单位，没有语调，不能体现交际。汉语语法单位组合具有两个明显特点：一是组合关系的一致性，无论是语素与语素组合成词，还是词与词组合成短语，还是短语与短语组合成句子，其基本关系都是并列、主谓、述宾、偏正、述补五种；二是组合规则的简明性，由于各级单位组合关系的高度一致，组合规则就这么几种，给学习者提供了很大方便，我们只要掌握了其中任何一级单位的组合规则，就等于基本上掌握了汉语各级单位的组合规则。

第二节 汉语的句法成分

一、句子的性质与特点

（一）句子的性质

首先，在语素、词、短语（词组）、句子这些语法单位中，句子一般被看成最大的语法单位。但这些语法单位在语言交际中的地位和价值是不一样的，语素不能独立运用，词和短语本身不能用来交际，词和短语只有在组成句子时或者说只有在具备了交际功能成为句子时，才能发挥语言交际的作用。因而语素、词、短语是语言交际中的备用单位或静态单位，是备用的材料；句子才是语言的使用单位、运用单位，即动态单位。从功能或作用来看，句子是一个能表示相对完整意思的、具有一定表述功能的最基本的语言单位。

其次，交际中的句子总是存在于一定的交际环境中的，也就是说，句子是跟客观实际相联系的。句子跟现实联系的标志是句子的语调，语调表示了句子的语气，不同的语气显示了句子跟现实的不同联系方式：陈述语气一般用降调，疑问语气一般用升调，感叹语气一般用曲折调，祈使语气一般用平直调或高升调。因而，语调尤其是句调是句子的重要标志，同样的语言片段用不同的句调说出来，意思就不一样。

表示语气或语调的除了语调的高低升降外，还有语气词。句末的"了""的""啊""吧""吗""呢"等都是表示不同语气的语气词；书面语的句号、问号、感叹号也有表示语气的作用。

再次，句子的另一个外在标志是，句子与句子之间有相对较大的语音停顿。现代汉语的书面语中，句子的识别标志是明显的，句号、问号、感叹号等句末标点符号是书面语句子的必要标志。

最后，句子在结构上有主谓句和非主谓句之分，也有复杂和简单之分，但无论如何句子应该是一个独立的语言单位，也就是说，句子不是个更大的语法结构的构成成分。例如，"小王考上了大学"，这是一个句子，但在"我们知道小王考上了大学""小王考上了大学使全家非常高兴""小王考上了大学的消息传遍了整个山村"等句子里，"小王考上了大学"就不是独立的语言单位，而成了句法成分。

总之，句子在表义、语调、停顿、结构上都有许多特点，了解这些特点有利于对句子的认知、理解和辨识。但由于句子是最基本的语言单位、使用单位，受语用、心理、各种语境等的限制，异常复杂、多变，再加上汉语句子缺乏必要的形式标志，使得对汉语句子的认知和辨识更加困难，这就要求认知和辨识句子要多角度、多侧面、全方位，不能只局限于某一方面的特点。

（二）句子的特点

首先，从语序上来看，汉语句子的语序有固定性的一面，一般来说主语在谓语前，修饰语在中心语前，这是就静态的句子来说的；但从交际中的具体的句子来看，语序又有灵活性的一面，同时，句子的成分常常可以省略。

其次，同一语义关系可以对应许多句法结构，形成大量的同义句式，这些同义句式各有不同的语用价值。例如，"我们打败了对手""我们把对手打败了""对手被我们打败了"以及"对手我们已经打败了"。

最后，音节影响句子的结构，如"进行""给予""予以""加以"等不能带单音节宾语，单音节动词和形容词一般不能直接作谓语。又如双音节情态副词一般得修饰双音节的动词或形容词。例如，特地赶来／说明（不能说特地来／说）。

汉语句子的这些特点，主要是受汉语缺乏严格意义上的形态变化这个总特点制约的。除了上述特点外，主语跟谓语、动语跟宾语的语义关系的复杂化以及句子的语气范畴丰富等也都体现了汉语句子的一定特点。

二、汉语句法成分及其构成

（一）主语和谓语

1. 主语和谓语的含义

主语是被陈述的对象，表示"谁"或"什么"；谓语是陈述主语的，说明"是什么"或"怎么样"。分析句子成分时，用"‖"分开，"‖"之前是主语，之后是谓语。例如：

①他 ‖ 很聪明。

②所有人 ‖ 走了。

③这件衣服 ‖ 已经洗干净了。

④她 ‖ 是老师。

2. 主语的语义类型

主语和谓语是两个直接成分，它们的次序是主语在前，谓语在后。主语是谓语陈述的对象，谓语是说明和陈述主语的，主语和谓语的关系是一种陈述、被陈述的关系。

作主语的词语和作谓语的词语之间有一定的语义关系，常见的有以下几种。

（1）施事主语

主语是施事，即发出动作和行为的主体。例如：

①领导 ‖ 同意了这件事。

②我 ‖ 去北京了。

"领导"是"同意"的施事，"我"是"去"的施事。主语是动作的发出者，这种主语是施事主语。主谓关系指的是一种结构关系，施受关系则是主语所指的事物跟动词所表示的动作之间的语义关系，动作的发出者是施事，动作的承受者是受事。

（2）受事主语

主语是受事，即承受动作、行为的客体，或动作、行为所涉及的对象。例如：

①那幢房子 ‖ 已经拆掉了。

②所有的办法 ‖ 都试过了。

"那幢房子"是"拆掉"的受事，"所有的办法"是"试过"的受事。有受事主语的句子的特点为：①主语往往具有定指性或周遍性。②谓语往往是复杂的，即不只是一个单独的动词。

（3）中性（当事）主语

中性主语即非施受主语，表示非施事、非受事的人或事物。例如：

①我们 ‖ 走丢了一只狗。

②这事 ‖ 不能全怪他。

③小林 ‖ 很聪明。

④今天 ‖ 星期。

⑤大内尚子 ‖ 是我的日本学生。

⑥他的儿子 ‖ 三岁了。

⑦河里 ‖ 有很多鱼。

（4）体词性主语和谓词性主语

体词性主语，即充当主语的成分以体词和体词性短语为主。例如：

①太阳 ‖ 出来了。（名词充当主语）

②我的同学张明 ‖ 来自内蒙古。（同位短语充当主语）

③穿红衣服的 ‖ 是我们班的新班长。（"的"字短语充当主语）

谓词和谓词性短语也可以充当主语，下列句子中的主语是谓词性主语。

①奋斗 ‖ 就是生活。

②干净 ‖ 最重要。

③虚心 ‖ 使人进步。

④下棋 ‖ 能锻炼人的思维。

谓词和谓词性词语充当主语时，作谓语的往往是"是""有""使""能"等表示开始、停止、判断、使令、应该等意义的非动作动词或形容词，一般具有描写或判断性质。

（5）时间名词、处所名词作主语

表示时间和处所的名词或短语出现在句首时，可以作状语，也可以作主语，体现了时间名词、处所名词具有修饰性和本体性两种功能。修饰性功能和本体性功能的实现，亦即作状语或作主语的不同条件，应遵循如下原则：

第一，句首如无其他名词，时间名词、处所名词和一般名词相同，都可以充当主语。例如：

①王老师 ‖ 开过这门课。（一般名词作主语）

②去年 ‖ 开过这门课。（时间名词作主语）

③学校里 ‖ 开过这门课。（处所名词作主语）

第二，谓词前边有一般名词，而这个名词又与谓语发生了直接的陈述关系，那么无论这个名词位于句首，还是位于时间名词、处所名词之后，也不管时间名词、处所名词是否都出现，这时一般名词都是主语，而时间名词、处所名词都被作为状语看待。例如：

①去年王老师开过这门课。（时间名词作状语）

②学校里王老师开过这门课。（处所名词作状语）

③去年学校里王老师开过这门课。（时间名词、处所名词都作状语）

第三，句首同时出现时间名词和处所名词，而又不出现一般名词时，处所名词作主语，时间名词作状语。例如：

①去年学校里开过这门课。（处所名词作主语，时间名词作状语）

②学校里去年开过这门课。（处所名词作主语，时间名词作状语）

上述三条原则，可以叫作"递升"原则，"递升"原则是把句首的各种名词分成不同的等级，即把一般名词看成一级的，把处所名词看成二级的，把时间名词看成三级的。有一级时，一级作主语，二级、三级作状语；无一级时，二级、三级由状语递升为主语。无一级有二级时，二级作主语，三级作状语；无一级、二级时，三级由状语递升为主语。这就是"一般名词＞处所名词＞时间名词"的情况。

3. 谓语的构成

谓语主要由谓词性词语充当，在一定条件下也可以由名词性词语充当。谓语的作用是能回答主语"怎么样"或"是什么"等问题，对主语进行叙述、描写和判断。

（1）动词性谓语

动词性谓语由动词和动词性短语担任。动词性短语又包括以动词为中心的状中短语、以动词为中心的补充短语、动词性联合短语、动宾短语、连谓短语、兼语短语，以及以动词或动词性短语为谓语的主谓短语。例如：

①你 ‖ 看！（动作动词）

②他 ‖ 过来了。（趋向动词）

③我 ‖ 愿意。（能愿动词）

④你 ‖ 快看！（状中短语）

⑤他 ‖ 站起来了。（补充短语）

⑥这些孩子 ‖ 又是唱又是跳。（联合短语）

⑦老师 ‖ 讲了一个动人的故事。（动宾短语）

⑧同学们 ‖ 去图书馆看书了。（连谓短语）

⑨你 ‖ 请他进来吧。（兼语短语）

⑩他 ‖ 什么事都不做。（主谓短语）

（2）形容词性谓语

形容词性谓语由形容词和形容词性短语担任。形容词性短语包括以形容词为中心的状中短语、以形容词为中心的补充短语、形容词性联合短语、形容词性主谓短语等。例如：

①外头 ‖ 冷。（形容词）

②他 ‖ 很胖。（状中短语）

③昨天的演出 ‖ 精彩极了。（补充短语）

④他的妻子 ‖ 温柔又美丽。（联合短语）

⑤张大爷 ‖ 精神很好。（主谓短语）

另外，当谓语由谓词性偏正短语（状中短语）、补充短语、动宾短语充当时，

其中心语或动词是"谓语中心语"。例如，"你快看！"中的"看"是谓语中心语；"老师讲了一个动人的故事"中的"讲"是谓语中心语；"昨天的演出精彩极了"中的"精彩"也是谓语中心语。

（3）名词性谓语

名词性谓语主要由名词、定中短语、数量短语、"的"字短语、名词性主谓短语充当。例如：

①今天 ‖ 星期六。（名词）

②这个女孩 ‖ 大眼睛。（定中短语）

③王老师 ‖ 五十岁了。（数量短语）

④老李 ‖ 卖菜的。（"的"字短语）

⑤苹果 ‖ 六块钱一斤。（主谓短语）

（二）动语和宾语

动语和宾语是共现共存的两个成分，句内有宾语，就必有动语，有动语就必有宾语。

1. 动语的构成材料

动语由动词性词语构成，例如：

①山坡上下来两个打柴的。（动词）

②你们要学好用好祖国的语言文字。（动词性联合短语）

③他终于露出笑容。（动词性短语）

动语可以单独由动词充当。更常见的是由动词带上补语，或带动态助词构成。动语和动语中心语通常用及物动词，在存现句里也可以是不及物动词。有时候，某些不及物动词必须带上补语之后共同带宾语，因为这里的宾语只跟补语发生某种语义联系。

形容词一般不能带宾语，但是兼属动词的形容词就能带宾语。例如：

①多一个铃铛多一声响，多一支蜡烛多一分光。

②小枝只小我一岁，是独生女。

③知识能够满足人的需要和社会的需要。

2. 宾语及其构成

宾语是动语后边的成分，表示动作行为关涉的人或事物。它一般可以回答动作行为涉及的是"谁"或"什么"的问题。分析句子时，宾语用"＿"表示。

按照构成宾语的成分的性质，宾语分为体词性宾语和谓词性宾语。

体词性宾语是体词或体词性短语充当的宾语。例如：

①我们 ‖ 爱老师，老师关心我们。（名词、代词）

②（这种水果很好，）我买了两斤。（数量词）

③机遇 ‖ 只偏爱那种有准备的头脑。（名词性偏正短语）

④这几本书 ‖ 都是从图书馆借来的。（"的"字短语）

谓词性宾语是谓词或谓词性短语充当的宾语。例如：

①他 ‖ 喜欢学习。（动词）

②人人 ‖ 讲卫生，个个 ‖ 爱清洁。（形容词）

③他 ‖ 在看打球。（动宾短语）

④我 ‖ 知道他已经回来了。（主谓短语）

3. 宾语的语义分类

动语和宾语之间的语义联系是多种多样的，根据动语和宾语之间的语义关系可以把宾语分为以下几类。

（1）受事宾语

受事宾语是宾语的主要类型。指宾语所表示的人或事物是谓语动词所涉及的对象，也就是动词所表示的动作行为的承受者。例如，"打人→把人打了""表扬小王→把小王表扬了一下"。在各类宾语中，受事宾语出现频率最高，是最典型的宾语。

（2）施事宾语

这类宾语相对来说要少一些。指宾语所表示的人或事物是谓语动词的发出者。这种句子的动词一般是不及物动词，动词后通常带动态助词或补语等才容易独立成句。这种宾语如果由于语用的需要（改变话题或语境）可能移位到动词前，充当主语。例如"来客人了→客人来了""出太阳了→太阳出来了"。

（3）对象宾语

对象宾语表示动作行为牵涉到的对象。对象宾语一般不能用"把"提前，但多能用"对/跟"提前。例如，"重视年轻人→对年轻人重视""讲究穿着→对穿着讲究"。

（4）结果宾语

结果宾语表示动作行为引起、出现的结果。这一结果是动作行为完成之后才出现的，在动作行为发生之前并不存在。例如，"扎辫子""辫子"是结果宾语，因为"辫子"在"扎"之前不存在，是"扎"产生的结果。"扎头发"中，"头发"不是结果宾语，因为头发原本就存在。再比较以下几个例子。

包饺子　　搭房子　　叠纸船

吃饺子　　拆房子　　推纸船

上述各组动宾短语中，上一个是结果宾语，下一个是客体宾语。

（5）工具宾语

工具宾语表示动作所凭借的工具，可以用"用"字提到动语前头。例如，"浇水→用水浇""盖毛毯→用毛毯盖"。工具宾语对动语有限制，动语必须是自主动词，表示动作者有心发出的可以控制的动作行为。包含工具宾语的动宾短语是自主的结构。

（6）处所宾语

处所宾语表示动作行为发生或指向的原点、起点、终点或经过点，由处所词或表示处所的短语充当。处所宾语大多数可以用表示处所的疑问代词"哪儿""哪里"提问。例如，"坐床上""离开学校""放桌子上"。

（7）致使宾语

作动语的动词具有致使义（或使动义），整个动宾短语具有"使……怎么样"的意思，其中的宾语叫致使宾语，或使动宾语。例如，"改善环境""开阔眼界"。

（8）目的宾语

宾语表示动作行为发生的目的，可以用"为……而……"提前。例如，"我十分担心老人的身体→我为老人的身体而担心"。

（9）原因宾语

宾语表示动作行为发生的原因，可以用"因为……而……"提前。例如，"他后悔没听我的话→他因为没听我的话而后悔"。

不同的宾语小类存在着表意功能的对立，当它们同形时会产生动宾结构的内部歧义（指存在于同一类句法结构之内的歧义）。动宾结构的内部歧义证明了宾语小类的存在。例如，受事宾语和结果宾语同形，如"修路"，当本来有路时，"路"是受事宾语；如果本来没有路，路是修的结果，这"路"就是结果宾语了。受事宾语与施事宾语同形，如"吃了三个人"可以表达两个意思：一是"野兽吃了几个人？——吃了三个人"，"三个人"是受事宾语；二是"一锅饭吃了几个人？——吃了三个人"，"三个人"是施事宾语。致使宾语和工具宾语同形，如"充实青年同志"有两个意思：一是使青年同志充实，"青年同志"是致使宾语，二是用青年同志充实（某单位），"青年同志"是工具宾语。

4. 双宾语

双宾语是一种结构特殊的宾语，两个宾语受同一个动词支配，但相互之间又没有联合关系。前一个宾语叫"近宾语"（也叫"间接宾语"），表示人，能回答动词提出的"谁"的问题；后一个宾语叫"远宾语"（也叫"直接宾语"），表示事物或话语，能回答动词提出的"什么"的问题。例如：

①老师 ‖ 问 | 我们（一个）问题。

②张明 ‖ 借 | 我（一支）笔。

③妈妈 ‖ 告诉我（一个）消息。

（三）定语

定语是主语或宾语里的附加成分，位置在主语中心语或宾语中心语的前面。分析句子时，定语用"（ ）"表示。

1. 定语的构成

大多数实词和短语都可以充当定语。①区别词主要用来作定语，如"大型的游乐场""袖珍手机""公共财产"。②量词短语，包括数量短语和指量短语，如"十个人""一本书""这间教室"。③形容词和形容词性短语，如"旧皮箱""新书""多么聪明的孩子"。④名词、代词和名词性短语，如"小王的书""他的笔""我和妈妈的房间"。⑤动词和动词性短语，如"吃的菜""送人的礼物""命令我回家去的电话"。⑥主谓短语有时也能作定语，如"华灯初上的时候""信心十足的样子""他讲课的神态"。⑦介词短语，如"关于那个问题的解决方法""对这件事的理解"。

2. 定语的语义类别

定语和中心语的语义关系多种多样，总体来看，大致可分为两大类，即限制性定语和描写性定语。

限制性定语是对中心语所指的人或事物的范围加以限制，使之与同类事物区别开来的定语。此类定语越多，中心语所指的人或事物的范围就越小。一般情况下，由名词性词语、动词性词语和区别词充当的定语多是限制性的，表示人或事物的领属、时间、处所、环境、用途、质料、环境、范围、数量、属性、类别等。例如：

①我们班有（四十名）同学。（数量）

②（我）的衣服是新买的。（领属）

③厂里进了很多（大型）设备。（类别）

④（全校）的学生都站在操场上。（范围）

⑤（昨天）的事情我还没忘呢。（时间）

⑥（杭州）的春天特别美。（地点）

　　描写性定语主要是对中心语所指的人或事物加以描写或形容的定语。其作用主要是描绘人或事物的性质、状态，使语言显得更加生动。此类定语一般由性质形容词的重叠式、状态形容词及拟声词等充当。例如：

　　我们村庄有一条（弯弯曲曲）的小河。

　　3. 定语的标志"的"

　　结构助词"的"是定语的标志。"的"的作用主要表现在两个方面，一是区别偏正关系与其他关系，一是强调前边词语的修饰性、领属性和描写性。区别偏正关系与其他关系，需要有相对的格式；强调修饰性、领属性或描写性，则需要平行的格式。但是，定语与中心语加不加"的"，有一定的灵活性：有的要用"的"，有的不能用"的"，有的用了之后语法关系和语义上会有不同，情况比较复杂。该用"的"与不用"的"的一些规律，主要针对那些可用可不用"的"都可以的场合，这就首先要分离出那些既无相对格式，又无平行格式的偏正短语，即首先要排除掉必须用"的"的和不能用"的"的那种情况。

　　（1）必须用"的"的

　　必须在定语与中心语之间用上"的"的，如果不用"的"，则这个语言片段是不通的，当然更无法构成偏正短语。例如：桂花飘香的季节→※桂花飘香季节。

　　（2）不能用"的"的

　　不用"的"时是偏正短语，用上"的"后，这个语言片段就不能成立。例如：那本书→※那本的书；这个人→※这个的人。

　　（3）用"的"和不用"的"都可以的

　　这种情况也可以分成两类：①用"的"不用"的"有相对的格式，这种相对的格式表示不同的语法关系。例如，名词＋名词：学生家长（联合）、学生的家长（偏正）；动词＋名词：分配工作（动宾）、分配的工作（偏正）；代词＋名词：我们学生（同位）、我们的学生（偏正）；名词＋动词：资料查找（主谓）、资料的查找（偏正）。②用"的"不用"的"有平行的格式，这种平行的格式表示的语法关系是相同的，即都是偏正的关系，但强调的重点有所不同。可以分三种情况：一是用上"的"之后，增加了前面词语的修饰性。例如，中国历史→中国的历史（不是"外国的"历史）。二是用上"的"之后增加前面词语的领属性。例如，牛脾气（像牛一样的脾气）→牛的脾气（具体的一种动物的脾气）。三是用上"的"之后，增加了前面词语的描写性。例如，三斤鲤鱼（指多少，鲤鱼共有三斤）→三斤的鲤鱼（指重量，一条重三斤的鲤鱼）。如上所述，定语与中心语之间用"的"与不用"的"的情况确实是很复杂的，上述规律也只能说是概括了一个大致的情况。

4. 复杂定语

名词前边如果有几个定语，或虽然只有一个定语，但其内部结构复杂，这时定语就复杂起来了。这种定语我们称之为复杂定语。复杂定语有三种类型：多项递加定语、短语定语、综合式复杂定语。

（1）多项递加定语

多项递加定语，也叫多层定语，指的是在一个中心语之前，有时会有两个或两个以上的定语，如（学校）的（新）（教学）大楼。多项递加定语的排列次序，一般为：①表示领属关系的词语（表示"谁的？"）；②表示时间、处所的词语（表示"什么时候？什么地方？"）；③量词短语或指示代词（表示"多少？"）；④动词性词语和主谓短语（表示"怎样的？"）；⑤形容词性词语（表示"什么样的？"）；⑥表示性质、属性或范围的名词、动词（表示"什么？"）。

（2）短语定语

短语定语是指由短语来充当的定语，这是一种单项定语。它的结构形式可用（ab）x 来表示，其中 a 和 b 分别表示短语中的两个直接成分，x 表示名词。例如：鲁镇（a）的酒店（b）的格局（x），是和别处不同的。

由名词性的偏正短语充当的短语定语，容易同多项递加定语混淆起来，我们要注意区别。例如：①（一项）（教师）的建议；②（一位教师）的建议。例①是多项递加定语，"一项"和"教师"之间没有修饰限制的关系，它们不能组合，没有"一项教师"的说法；它们可以分别作名词的定语（可以说"一项建议"，也可以说"教师的建议"）。例②是名词性的偏正短语作定语。"一位"和"教师"之间有修饰限制的关系，"一位教师"能够组合，而且"一位"只能直接同"教师"发生关系，不能直接同"建议"发生关系（没有"一位建议"的说法）。在一般情况下，根据以上这些特点，我们就能够把多层定语和短语定语区别开来。

多层定语和短语定语的判定方法是：首先看中心语前面的词语能否成为一个短语，如果能成为一个短语，就不是多层定语；其次，如果中心语前面的词语不能成为一个短语，就用每个词语分别修饰中心语，可以修饰而且意义和原义相符的就是多层定语。

（3）综合式复杂定语

多层定语和短语定语同时用在一个名词前边，这时定语的结构就更加复杂了。例如：（它们）（那种）（不畏风霜）的姿态却使人油然而生敬意。从大的方面来看，例中"姿态"前边的定语都是多项递加定语，其中又分别包含了"不畏风霜"这样的短语定语。

综合式复杂定语的复杂性主要表现在两个方面：一是定语可能由复杂短语构成，本身结构复杂；同时定语又可能很多，定语与中心语形成多个结构层次，即多层定语。所以在分析句子时，就会有定语个数的确定和层次的识别问题。例如：鲁迅是（在文化战线上，代表全民族的大多数，向着敌人冲锋陷阵）的（最正确、最勇敢、最坚决、最忠实、最热忱）的（空前）的（民族）英雄。宾语中心语"英雄"前有四层定语，其中第一层定语"在文化战线上，代表全民族的大多数，向着敌人冲锋陷阵"是一个复杂的偏正短语，第二层定语是"最正确、最勇敢、最坚决、最忠实、最热忱"，由联合短语充当。

多层定语的每个定语之间没有直接的语义联系和结构上的组合关系，所以分析定语时，不能将多个定语笼统地捏合在一起，而应该一个个地分别标示出来。

确定定语的个数，应遵循两个原则，一个是结构原则，一个是意义原则。结构原则指划分出来的各项定语必须是结构完整的语义单位。不管是词还是短语，都能够单独与中心语构成偏正关系。如果短语能整体充当定语，则尽量保持短语的完整性。如"（一件）（非常漂亮）的（红）裙子"，这是一个具有多层定语的偏正短语。多层定语是逐层修饰中心语的，对于多层定语来说，中心语是相对而言的：第一层定语是"一件"，修饰中心语"非常漂亮的红裙子"；第二层定语是"非常漂亮"，修饰中心语"红裙子"；第三层定语是"红"，修饰中心语"裙子"。其中的"一件"和"非常漂亮"都是短语整体作定语的。

意义原则指分析的结果能够正确地反映原意。如"深绿色的潭水"，中心语"潭水"前只能是一个定语，因为"深"是修饰"绿色"的，表示颜色很深；"深"并不修饰"潭水"，不表示潭水深。如果划分为两个定语，则不符合短语的原意。

（四）状语

1. 状语的含义

状语是谓语里的另一个附加成分，附加在谓语中心语的前面，从情状、时间、处所、方式、条件、对象、肯定、否定、范围和程度等方面对谓语中心语进行修饰和限制。分析句子时，状语用"〔 〕"表示。

2. 状语的构成材料

状语经常由副词、形容词、时间处所名词、能愿动词、代词以及各类短语充当。例如：

①他的眼睛〔忽然〕看不见任何东西了。（副词）

②他〔得意〕地对我笑了笑。（形容词）

③我们〔晚上〕去看电影。（时间名词）

④你〔应该〕叫她一起来。（能愿动词）

⑤这孩子〔这么〕高啦！（指示代词）

⑥这字〔怎么〕写啊？（疑问代词）

⑦我们〔教室里〕见吧。（方位短语）

⑧我〔在上海〕见过你。（处所短语）

⑨他〔信心十足〕地说。（主谓短语）

⑩同学们〔非常热情〕地欢迎我。（偏正短语）

⑪他们〔又说又笑〕地走了出来（联合短语）

⑫他〔一遍一遍〕地解释着。（量词短语）

⑬小刚〔兔子似的〕跑了。（助词短语）

3. 状语的语义类别

状语的语义类别大致可分为限制性和描写性两类。

限制性状语用来表示时间、处所、程度、否定、方式、目的、范围、对象、数量、语气笔。例如：

①我们〔昨天〕来过了。（时间）

②他们〔在会议室〕开会。（处所）

③张老师对我们〔很〕好。（程度）

描写性状语是从性质和状态方面对中心语事物加以描写或形容。例如：

①他〔断然〕拒绝了我的请求。

②我〔彻底〕检查了一下身体。

4. 状语的语义指向

一般情况下，状语语义总是指向中心语。但也有下述情况：一是部分描写性状语的语义指向主语。这类状语往往可以去掉"地"，转化为谓语。例如：大家满心欢喜地搬进了新居室。→大家满心欢喜，搬进了新居室。二是主语指

103

向的状语通常处在靠近句首边缘的位置上。例如：他不声不响地把屋子打扫了一遍。三是由某些否定副词和范围副词等充当的状语，语义不仅指向中心语，也往往指向补语。例如：①小王只答对了三道题。②她把号码全部写错了。例①有"答题"和"只对了三道题"的语义；例②有"写号码"和"全部错了"的语义。四是少数描写性状语的语义指向动作所带的宾语，这一部分状语往往可以变换成动词所带宾语中的定语，基本意思不改变。例如：浓浓地煮了一壶咖啡→煮了一壶浓浓的咖啡。

5.复杂状语

谓词性偏正短语中心语前边如果有几个状语，或者虽然只有一个状语但其内部结构复杂，这时状语就复杂起来了。复杂状语也有三种类型：多项递加状语（也叫多层状语）、短语状语和综合式复杂状语。

（1）多项递加状语

几个状语分别递加在中心语前边，几个状语之间没有修饰限制的关系，它们都可以分别、单独地修饰中心语，这种状语就是"多项递加状语"。它的结构形式可用［ab］x来表示，a和b分别表示状语，x表示中心语。例如，"它静悄悄（a）地忽然（b）来（x）了"。

多层状语的分析，也如多层定语的分析那样，应遵循结构原则与意义原则，不能将多层状语做一次性切分，即把多层状语作为一个整体来看待而分析成［ab］x。分析多层状语的步骤也是以左统右。

（2）短语状语

短语状语是指由短语充当的状语，它实际上是一种单项状语（即只是一个状语）；它的结构形式可用a、b、x来表示，其中a和b分别表示短语中的两个直接成分，x表示中心语。例如：同学们大胆（a）而自由（b）地发表（x）意见。

判断一个复杂的状语是多层状语还是短语状语，也和复杂定语中的多层定语与短语定语一样，首先看中心语前面的词语能否成为一个短语，如果能成为一个短语，就不是多层状语，而是短语状语；其次，如果中心语前面的词语不能成为一个短语，就用每个词语分别修饰中心语，可以修饰而且意义和原义相符的就是多层状语。

（3）综合式复杂状语

多项递加状语和短语状语同时用在一个中心语前边，这时状语的结构就更复杂了，这种状语就是综合式复杂状语。例如，他们‖［在会后］［非常诚恳］

地交换了意见。总的来说，这个例子是一个多项递加状语，其中包含了"在会后"（介词短语）"非常诚恳"（偏正短语）这样两个短语状语。

（五）补语

1. 补语的含义

补语是谓语里的一个附加成分，附加在谓语中心的后边起补充说明作用。可以用来说明动作、行为的结果、状态、趋向、数量、时间、处所、可能性及说明形状的程度等。分析句子时，补语用"〈　〉"表示。

2. 补语的构成

补语一般由以下这些词或短语充当：动词、形容词、表动量或时量的数量词、代词"怎么样"、副词"很"和"极"、表示时间或处所的介词短语以及动词或形容词性的各种短语。例如：

①他 ‖ 带〈走〉了所有的书。（动词）

②教室 ‖ 打扫〈干净〉了。（形容词）

③我们 ‖ 在路上走了〈三天〉。（数量词）

④天气 ‖ 冷得〈很〉。（副词"很"）

⑤文章 ‖ 写得〈非常感人〉。（形容词性短语）

⑥王老师 ‖ 讲得〈大家都笑了起来〉。（动词性主谓短语）

从上面的例句可以看出，补语前面用不用"得"是有规律的：趋向动词、数量词、副词"极"、介词短语作补语都不用"得"；各种短语、副词"很"、代词"怎么样"、形容词的重叠形式和本身已表示程度意义的形容词作补语，都要用"得"。

补语前用助词"得"很常见，也有用"个""得个"的，如"喝个痛快""打得个落花流水"。

3. 补语意义类型

根据补语所表示的意义的不同，可以将补语分成以下几类。

（1）结果补语

表示因动作、行为导致的结果。结果补语常由形容词担任，有时也由动词或动词性短语担任。例如：

①树上 ‖ 挂〈满〉了果实。（形容词）

②他 ‖ ［把我家的门］踢〈坏〉了。（形容词）

③（张明）的脸 ‖ ［被人］打〈肿〉了。（形容词）

④（这件）事 ‖ 做〈对〉了。（形容词）

⑤我 ‖［最近］［都］吃〈胖〉了。（形容词）

⑥［明天早上］你 ‖［要］叫〈醒〉我。（动词）

第一个例句中的"满"是"挂"的结果，第二个例句中的"坏"是"踢"的结果，第三个例句中的"肿"是动作"打"的结果，第四、第五、第六个例句中的补语也是如此。

（2）程度补语

用在形容词或一些表示心理活动和感受的动词后面，表示性质达到极点或很高的程度，常由"极""很""透""死""慌"（表虚义，用实义的话是结果补语）、"厉害"等词和部分短语充当。例如：老张 ‖ 对村里的家家户户熟悉〈极〉了；敌人 ‖ 狡猾得〈很〉；这个家伙 ‖ 坏〈透〉了；真把他高兴〈死〉了。能带程度补语的主要是形容词、表心理活动的动词。中心词与补语之间有的可以加结构助词"得"，有的不能加"得"。

程度补语有两个特点：①不能单说，不能单独用来回答问题。充当程度补语的词语多是程度副词和意义虚化的动词、形容词，与单说的同形的词语在意义上有明显的不同，因而程度补语前的中心语一般不能省略。相反，结果补语、状态补语前面的中心语常常可以省掉，可以单独回答问题。例如：好多了吧？好多了。（※ 多了。）②程度补语一般不能被否定。例外的是，由"厉害"充当的程度补语可以被否定，例如：病得厉害吗？病得不厉害。

（3）状态补语

状态补语，又叫情态补语，用来说明或描写动作行为的状态。一般由谓词性词语构成，中心语后都带结构助词"得"。例如：小华 ‖ 长得〈高〉；玫瑰花 ‖ 开得〈太好看〉了；我们 ‖ 跑得〈两腿发软〉。状态补语有时可以省去，如"看把你难受得""把我气得""瞧你的衣服脏得"等，"得"相当于"样子"，省掉补语表示状态明显而严重，带有感叹和夸张的意味。

（4）趋向补语

趋向补语，指由趋向动词充当的表示动作方向或变化趋势的补语。例如：老人 ‖ 慢慢地走〈下〉楼梯。复合趋向动词作补语时，宾语的位置有两种情况：一种是宾语加在趋向补语中间，如"走进教室来""跳上车去""拿出一件衣服来"；另一种是宾语位置比较灵活，可在补语前，也可在补语后或补语之间，如"掏出来三块钱""掏三块钱出来""掏出三块钱来"。但处所宾语位置比较固定，一般只能夹在趋向补语中间，如"走过桥来""跑出教室去"，宾语"桥""教室"只能有一个位置。复合趋向动词"起来、下去"用在动词、形容词后，有时并不表示方向，而是表示动词或状态的开始或持续，如"干起来""说下去""红起来"等。

（5）数量补语

数量补语，用来补充说明动作的次数或持续的时间。表示动作次数的补语，由表动量的量词短语充当；表示持续的时间的补语，由表示时间的量词和数词组成的数量短语充当，或由"数量名"短语充当。例如，这部电影‖我已经看了〈两遍〉了。

（6）时间、处所补语

时间、处所补语，用来补充说明动作行为发生的时间或处所。这类补语一般由介词短语充当。例如：鲁迅‖生〈于1881年〉。时间补语与表示时间的数量补语不同，时间补语表示时点，即某一个特定的时间；表示时间的数量补语表示时段。

（7）可能补语

可能补语，用来表示动作行为能不能实现。它有两种构成方式，一种是用"得""不得"充当，表示情理上、条件上是否许可。例如：这事‖勉强〈不得〉。另一种是在结果补语或趋向补语和中心语之间插入"得/不"（读轻声），表示动作的结果、趋向可能不可能实现。有的学者把这种形式的补语分别归入结果补语和趋向补语，叫作结果补语和趋向补语的可能式，把与之相对的在插入"得/不"之前的叫作基本式。这种可能补语如果要带宾语的话，宾语只能放在补语的后面，如"听得懂话""瞒不住我"。

可能补语与单个形容词构成的状态补语在形式上有相同之处，但表义不同。可能补语表示动作能否实现或有没有出现某种状态的可能性；状态补语仅仅是对性状的描写。二者的否定形式不同，如"看得清楚"，是可能补语的话，其否定形式是"看不清楚"；是状态补语的话，其否定形式是"看得不清楚"。再比如：

问："你看，这个字写得好不好？"（字已写）

答："写得（好）。"/"写得〈不好〉。"

其中的"好"和"不好"是状态补语。

问："我想请王先生写副对联，不知道他写得好不好？"或"我想请王先生写副对联，不知道他写得好写不好？"（对联尚未写）

答："写得〈好〉。"/"写〈不好〉。"

其中的"好"和"不好"是可能补语。

从上面的例子还可以看出，从提问的形式和答话的否定形式也可帮助我们

把状态补语和可能补语区分开来。可能补语有两种提问形式，如上面的"写得好不好"和"写得好写不好"；状态补语一般只有一种提问形式，如"写得好不好"。从答话的否定形式来看，状态补语前面有"得"，如"写得〈不好〉"；可能补语前面没有"得"，如"写〈不好〉"。

4. 补语和宾语的顺序

当补语和宾语同时在谓语动词后面出现时，就要考虑到它们的顺序问题。一般有以下几种情况：①补—宾。补语在前，宾语在后，这是补语最常见的位次。例如：他拿来一本书。②宾—补。宾语在前，补语在后，这样的位次是有条件的。具体有四个条件：一是代词、简短的指人名词宾语+表时间的补语，如：我找了你三天了！二是处所宾语+动量补语，如：他来过杭州三次。三是处所宾语+趋向补语，如：你快回教室去吧！四是受事宾语+趋向补语，如：张明借了本书回来。③补—宾—补。这种补语仅限于能离合的双音趋向动词充当的补语。例如：他拿出一本书来。

（六）中心语

中心语是偏正（定中、状中）短语、中补短语里的中心成分。在有多层定语或状语的偏正短语里，每一层定语或状语所修饰的中心成分都是中心语，因此有的中心语是短语，有的是词。中补短语里的中心语也如此。最后一层中心语即中心词可叫"中心"，如主语中心是指主语里的中心词，余可类推。中心语根据同它相对的成分的不同可分三种：定语中心语、状语中心语和补语中心语。

1. 定语中心语

定语中心语指与定语配对的中心语，通常由名词性词语充当，谓词性词语也可以作定语中心语。例如：①良好的道德品质是立身之本。②要始终十分重视智力的开发。③放纵的结果是孩子的堕落下去。例③中的"堕落下去"是中补短语作定语的中心语。

2. 状语中心语

状语中心语指与状语配对的中心语，通常由谓词性词语充当，如"他已经来了"。但在名词谓语句里，状语中心语可以由名词充当。例如：①现在已经深秋了。②台湾海峡狭窄处才135千米。

3. 补语中心语

补语中心语指与补语配对的中心语，通常由动词或形容词充当，也可以由短语充当，例如：①自命不凡得厉害；②粉刷装修得很好看；③吊死在一棵树上。

（七）独立语

1. 独立语的概念

独立语是句子的一个特殊成分。它在句子里位置不固定，结构上不与其他成分发生关系。因此在结构上可有可无。独立语不影响句子结构的完整性，但在表意上却往往是必要的，在加强语势、变化语气等方面有重要作用。

2. 独立语的类型

（1）插入语

插入语可以表示多种附带的意思，使句子表达更加充分严密。①引起对方注意的。这类插入语经常由"你看""你瞧""大家知道""请看"等短语充当。例如：你想，黄鼠狼给鸡拜年，能安好心吗？②表示推测估计的。这一类插入语常由"看起来""看样子""说不定""充其量""少说一点"等词语充当，表达的内容不十分确定，口气比较委婉。例如：看样子，他们对你和小俞并不太注意。③表示说话的态度和角度的。这类插入语经常由"不瞒你说""老实说""一般地说""在某某看来"等词语充当。例如：不瞒你说，我并没有把这当回事。④表示肯定或强调语气的。这类插入语经常由"毫无疑问""十分明显""不可否认""不用说""尤其是""特别是"等词语充当。例如：不用说，他会在你需要的时候向你伸出援助之手。⑤表示消息来源或依据的。这类插入语经常由"据说""听说""相传""据了解"等词语充当。例如：据说，这就是梅雨潭之所以得名了。⑥表示注释、补充和举例的。这类词语经常由"即……""包括……""例如……""正如……"等词语充当。例如：每一个干部，包括高级领导干部，都应该是人民的勤务员。⑦表示总括和承上启下的。这类插入语通常由"总之""总而言之""由此可见""反之""此外"等词语充当。例如：总之，我觉得他是一个不肯出风头、十分安分守己的人。

（2）称呼语

称呼语的作用是用来招呼对方，引起对方的注意或增强感情色彩的。称呼语一般指人，有时也可以把物当人一样呼唤。它通常在句首，也可以出现于句中或句末。例如：朋友们，当你听到这英雄事迹的时候，你的感觉如何呢？

（3）感叹语

感叹语由表示感叹、惊讶、应答之类的词语充当。位置一般在句首，有时也可出现于句末。例如：哎哟，你们嚷什么？

（4）象声语

象声语由象声词充当，模拟事物的声音，以获得如闻其声的表达效果。例如："咔嚓"，车把断了。

3. 独立语的使用

独立语的使用比较复杂。有时，它是对某个句子成分的说明，如：我们的教师，特别是中小学教师，工作是很辛苦的。插入语"特别是中小学教师"是对主语的说明。有时是针对全句的，如：看样子，他又要搞什么鬼把戏了。插入语"看样子"是对全句意思的推测估计。独立语通常在句中只有一处，有时可能会有两三处。试比较以下两例。

①老张，你想，我怎么能干出损人利己的事情来呢？
②哎呀，老张同志，听说你的研究成果获奖啦！

例①有两处独立语，"老张"是称呼语，"你想"是表示引起注意的插入语。例②有三处独立语，"哎呀"是感叹语，"老张同志"是称呼语，"听说"是表示消息来源的插入语。

独立语的形式比较多，应注意与其他句子成分的分辨。独立语之后通常要有停顿，而且独立语是句子的一种成分，它要同句子的其他部分合起来才能成为一个句子，因此独立语后面只能用逗号，不能用句号、问号或感叹号，否则，就容易引起句子结构和成分的变化。例如，"班长，我回来了"，"班长"是称呼语，如果没有停顿，"班长我回来了"，句子就变成同位短语"班长我"作主语了。再如，"轰隆隆，几声巨响震得山摇地动"，"轰隆隆"是象声语，如果没有停顿，"轰隆隆"就成为"几声巨响"的定语，不再是独立语了。

另外，引起对方注意的独立语与主语不同。例如，"你看，那毛竹做的扁担，多么结实"，"你看"是引起注意的插入语，"你"不是主语，"看"也不是谓语，因为"你"不是陈述说明的对象。

还有，插入语不同于状语。例如，"从历史看，党八股是对五四运动的一个反动"，"从历史看"是表示说话角度的插入语，不是状语。独立语不修饰哪个成分，不与哪个成分发生结构关系，只是一种补足语意的说明，或对某一部分解释、强调，或表明说话的角度，或对内容推测估计等。状语有修饰作用，并且有明确的修饰对象。

第三节　汉语语用原则

一、合作原则

美国语言哲学家格赖斯1967年在哈佛大学所做的演讲中提出了这个原则。他认为，人们在话语交际中，总是希望互相配合，遵守合作原则，这个原则包括四条准则，即质的准则、量的准则、关系准则、方式准则。

其一，质的准则，也称"真实准则"，指话语内容是真实的，不是虚假或缺乏足够证据的。在这条准则上，存在信息真实、有真有假、全部是假几种情况。例如：

现在中国女队发球，哦，是得分，得分！

例句中的"现在中国女队发球"显然是虚假的信息，违反了质的准则，这类现场解说是失误的。

其二，量的准则，也称"适量准则"，指话语应包含交谈目的所需要的信息，不能低于或超过适当的信息量。如下例所示。

甲：您在哪个单位工作？

乙（A）：在河北省。

乙（B）：在河北唐山师专。

乙（C）：在北大荒，北京的北，大小的大，荒凉的荒，这地名谁都知道。

例中，乙（A）的回答低于适量，乙（B）的回答适量，乙（C）的回答过于烦琐，超过适量。

其三，关系准则，也叫"关联准则"，指说出的话应切合话题，即以共同的已知信息作为基础，以共同的背景知识作为根据。这方面存在着答其所问、答非所问、有所答有所不答几种情况。如下例所示。

甲：这个会议没什么意思，你说呢？

乙（A）：嗯，多数人这样认为的吧。

乙（B）：天晚了，我们叫辆车吧。

例中，乙（A）的回答是部分关联，隐含着不反对甲的看法的意思。乙（B）的回答是毫不关联，隐含着不便表态的意思。

其四，方式准则，也叫"明白准则"，指话语表达要清楚明白，要避免晦涩、歧义、啰唆以及层次混乱。如下例所示。

明天演出，女同学一律不准穿裤子。

例句的原意是要求女同学一律穿裙子，没有说清楚，成了笑话。

人们在话语交际中并不总是遵守合作原则，违反合作原则的主要情况有四种：第一，谈话中的问而不答，或者环顾左右而言他。第二，说话人存心不让听话人觉察而使其上当受骗。比如生产厂家存心违反真实准则把假冒产品贴上名牌标签，来欺骗顾客。再如某些景点摄影个体户故意违反明白准则，在招牌的收费标准上设圈套。 第三，说话人对合作原则中的各个准则有不同的侧重。第四，说话人故意违反合作原则，并且相信听话人一定能觉察得到。

二、礼貌原则

人们在言语交际中要遵守合作原则，但是实际上又经常故意违反合作原则，在交谈中往往拐弯抹角，这是出自礼貌的需要，要给谈话对方面子，也为了给自己带来某些益处，如得到别人对自己的好感等。利奇对言语行为中的礼貌现象进行了深入细致的研究，在其《语用学原则》一书中提出了人们在言语交际中一般都遵守的原则。"礼貌原则"包含六条准则：得体准则，即减少表达有损于他人的观点；慷慨准则，即减少表达利己的观点；赞誉准则，即减少对他人的贬损；谦逊准则，即减少对自己的表扬；一致准则，即减少自己与别人在观点上的不一致；同情准则，即减少自己与他人在感情上的对立。

当然，人们并非在任何时候、任何地方，对任何人交际都要恪守礼貌原则，如在紧急或意外事件中，在激烈的争辩或紧张工作的场合，或者在十分热情友好的朋友之间不拘礼节的谈话中，礼貌原则可能会让位于话语的内容，屈居次要地位。大家会觉得在中国，最能体现语用学中的礼貌原则的就是谦逊原则，可是随着时代的变迁，人们都说在中国，谦逊原则的主导性已经变了。

三、适应性原则

所谓适应性原则就是指说话人为了准确适当地表达自己的语用意图和目的所选择的话语形式（或言语行为），必须适合言语交际时的特定语境。对于听话人来说，他就要依据这一特定语境来准确理解说话人的话语形式（或言语行为），解析说话人的语用意图，进而做出反应。很显然，该原则注意处理了人、话语形式跟语境这一立体关系，人是特定语境中的人，其言语行为也是特定语境中的言语行为，特定语境要求人和人的言语行为与之相应。当人们批评合作原则解释不了很多不合作的现象时，那也是语境在起作用，正是这些话语的伴随手段对不合作事实进行了调节而得以使交际达到目的，这里所谓的调节便是特定的语境使话语形式有了特定的语用意义，人的言语行为适应了特定的语境而有了成功的语用效应。

那么，究竟什么才是特定语境呢？目前，对于语言本身形成的语境，语言学家的看法基本一致，即上下文、前后语言成分等；而对于非语言语境，则有较大的分歧，各持己见，哪些内容才能进入非语言语境的范围，人们看法不一。

王德春先生认为"语境是时间、地点、场合、对象等客观因素和使用语言的人的身份、思想、性格、职业、修养、处境、心情等主观因素所构成的使用语言的环境"。

不管如何，人们都认同的一点是：语境能够对语言行为起到制约的作用，特定的语境会对交际双方对谈话的理解与选择产生影响。如果语境发生了改变，进行交际的双方也应该改变自己的话语形式，从而让交际的需要能够得到满足。人们经常会说见到什么样的人、在什么时间、处于什么场合就要说什么样的话，这体现的就是适应性。要想让自身的语言行为大方得体，为交际的成功提供保障，就应该对语境进行适应。

既然语境使话语形式意义有了增值，那进入语境前的话语与进入语境后的话语就应当既有联系又有区别。由于语用学是以句子为单位，我们这里不妨把前者叫原始句，后者叫语境句，它所产生的语用意义便是原始句进入特定语境后推衍出来的。由于特定语境不同，语境句还可分出不同的类。综合前述各家对语境的认识，我们将语境句分为三种：特定场合句、社会文化背景句和前言语行为句。适应性原则就要求人们在不同语境下选择以下三种不同的话语形式和相应的行为。

（一）特定场合句

特定场合句，指与一定的时间、一定的空间（场合）相应的对一定的人所说的得体的话。这方面的问题早已得到学者们的高度重视，并有很多著述，比较有代表性的，如吕叔湘先生曾指出："此时此地对此人说此事，这样的说法最好；对另外的人，在另外的场合，说的还是这件事，这样的说法就不一定最好，就应用另一种说法。"话语形式适应了不同场合不同时间下的不同对象，才使整个交际活动具有得体性，进而取得预期的语用效果。

1. 话语适应一定的时间

任何言语活动都是在时间一维性上展开的，由于语言一直处在动态的发展变化之中，不同的时代便有不同的说法，比如中国改革开放前后所用的词语就

有很多区别，改革开放后不同阶段有些表达也不尽相同。以"小姐"为例，"文革"中谁能用它来称呼年轻女子？打开国门后，该词很快流行起来，但随着"三陪小姐"等现象的出现，该词又带上了特殊色彩，用它来称呼年轻女子的含义发生了变化，在很多地方开始被年轻女子拒绝。《南方周末》报刊登了一幅漫画，上面画着一位女顾客在买鞋，女售货员面带笑容地问她"小姐，合适吗？"，没想到，女顾客听后不仅没领情，反而放下鞋，面带怒意地回了一句"你才是小姐呢"，说着就走了。不难看出两人因为对"小姐"含义在时间上的变化认识不同，招致了交际的失败。女售货员用的是之前的尊称含义，可女顾客理解的是近期出现的色情含义，彼此不相适应，才出现了上述情况。再比如，前些年"大哥大"还很流行，现在却很少听到或见到，转而被"手机"取代，如在交谈中仍用"大哥大"这一说法，听者会从中推知你的落伍或守旧。

在历时上如此，共时上也一样，面对一个固定地点的同一个人在不同时间说的话不同，带来的语用效果也不一样。比如 A 和 B 两人交往，如果 A 对 B 常说"您"这一称呼，常用"请您……""您能不能……"等请求句式，你就会推测出他们之间的关系是有较远距离，或至少是不亲近的；可后来，如果 A 对 B 称呼时将"您"换成了"你"，句式也变成了一般的祈使句，请帮忙时没那么多客套话，你可推测出他们之间关系很亲近。

所以，大到国家，小到个人，词语、句法结构的运用频率及兴衰都与时间紧密相连，发话人与听话人应注意适应时间这一因素，促进交际向成功的方向发展。

2. 话语适应一定的场合

任何言语活动都是在三维空间中进行的，地点、人、人与地点的关系、人与人之间的关系便构成了一个交际场，为了取得语用效果，交际双方根据交际目的、意图所选择的言语形式（这里包括语体）必须适合这个交际场。

在教室里讲课，在公共场合做报告，在外交活动中致辞及会见，在大会上发言，用的是一种言语行为，庄重严肃；在饭馆里、宿舍里、公园里、家里聊天，用的是另一种言语行为，轻松随意。跟同一个人在不同场合也会有不同的交际法。两个朋友在婚礼上交谈跟在葬礼上的言语表现就会迥然不同：在高兴的场合可以手舞足蹈地谈天说地，在肃穆的场合只能挥手或点头致意，寥寥数语。在公共场合可以称老朋友讲话为"请张书记为大家做报告"，在私下里则说"老张，你说说吧"。

在大千世界中，有各种各样的场合，人所处的场合总是在不断地发生变化，因此人们需要根据一定的场合选择自己的语言，要不然就会产生交际上的障碍。例如，在一个普通的日子中，甲跟乙借了一支笔，甲如果对乙说"谢谢您将笔借给我，我一辈子都不会忘记的"，那么对于此乙会产生两种反应：一是会感到疑惑，这是由于甲说的话中蕴含的意义已经超过了这个场合，很容易让人理解为甲与乙之间的关系不太正常；二是乙会认为甲在同自己开玩笑。

3. 话语适应一定的对象——人

任何言语交际活动都离不开人，要使言语交际取得成功，说话人光从准确表达意图出发来组词造句是不行的，他还要想到听话人能否正确理解自己的言语、接受意图并做出响应，所以交际双方应明确自己的对象，根据对象选择最得体的言语形式，常言道："有什么样的对象说什么样的话嘛。"

分析对象，就是要看他的身份、职业、辈分、性格爱好、文化修养、社会地位、知识水平，以及交际时的角色、境况、心态等，然后选择最佳的话语形式，展开话轮或语篇，以达到交际目的。我们不妨以《战国策·触龙说赵太后》为例来说明这一点。战国时代，赵太后刚当权，秦国便来攻打赵国，赵国求救于齐国，齐国则要赵太后之子长安君做人质才肯出兵相救，赵太后不肯答应，这于赵国极为不利。大臣们采用一般的臣君劝谏方式，不见效果，假如谁再提及此事，就要被赵太后吐唾沫。而老臣触龙却面对赵太后没有胆怯，针对她此时此地的心态和处境，选用了她乐于接受的委婉亲近的语体，打通了赵太后的思想。触龙先说些饮食起居之类的无关话题，让赵太后消释怒气，又谈及自己当父亲的不如当母亲的更疼爱儿子而为其做长远考虑的话，自然地引入送长安君当人质的问题，把赵太后爱子跟国家利益连在一起，使赵太后终于从满脸怒气到"色少解"，到"笑曰"，到"诺"，最后完全顺从了触龙的意见。可见，了解交际对象后所采取的合适的言语形式对交际成败起着多么重要的作用。"知己知彼，百战不殆"，言语交际也是如此。

如果不分对象，年轻人对老人说话随随便便，甚至带有命令说教语气，下级对上级评头论足，跟农民说话用专业名词，跟教授谈话出言不逊，等等，这些交际的结果只能是失败。相反，如果了解了对象，采取相应语体，不仅会使意图贯彻在交际中，而且就是原来出现问题的交际也会"逢凶化吉"，达到预期的交际效果。从另一个角度讲，听话人也可以从说话人本身的情况去推断出说话人的意图，请看下例。

门子道："……老爷细想，此计如何？"雨村笑道："不妥，不妥。等我再斟酌斟酌，压服得口声才好。"二人计议已定。

（选自《红楼梦·葫芦僧判断葫芦案》）

原语境是门子按护官符的要求为贾雨村出了主意，可贾雨村既想讨好权贵又要假装清廉正直，为了不在下人面前暴露自己的真实想法，他还要故作姿态，所以他在这种场合谈话的意图是掩饰。门子很清楚这个人的特点，所以他能了解贾雨村的意图，最后才"计议已定"。

（二）社会文化背景句

社会文化背景句是指那些适应一定社会的政治经济、风俗习惯、文化传统、行为准则、价值观念及该语言社会对这些现象的理解和认识的得体的话。每个民族在自己的社会历史发展中都形成了独特的文化传统、风俗习惯，具有浓厚的民族特色，并在自己民族语言的长期发展中约定俗成而积淀下来，成为该民族语言所含意义的一部分，这不像前面的特定场合句，人们可以看见相应的诸多交际因素，以显性的东西作为交际的参照物，这里的各种社会现象是作为一种看不见的隐性因素渗透到交际当中去的。交际时，说话人需要对所选用的言语形式跟它们的社会约定关系有充分的了解，听话人也应该能对这种社会约定关系有适应性。换句话说，在这种言语形式后面，有隐性的社会背景信息作参照物，交际双方都必须清楚这个大背景，了解其内涵，才能互相配合，积极响应，使言语活动继续下去。当然，这种大的背景信息多来自交际双方平时知识的储备，如果在交际中有一方一时不清楚所言内容的背景信息，那交际就有可能出现障碍而被迫中断，难以取得语用效果。

（三）前言语行为句

前言语行为句也是一种得体的话，主要指的是能够适应某些言语行为发生之前的与之相关的话语。这里所讲的前言语行为句不仅包括显性的上下文，而且包括隐性的上下文。前者主要指的是上句与下句、前言和后语以及书面上很明显的上段和下段等；后者主要指不管是说话人还是听话人都具备的知识背景，也有人将其叫作认知语境。

我们知道，在静态的语言系统内，一个正常的句子可以从其本身推衍出系列蕴涵命题，这些命题便是该句的蕴涵命题集。可是进入交际后，这个句子只能有该蕴涵命题集中的一个命题内容，这便是上下文作用的结果。上下文告诉了人们什么是旧信息、什么是新信息，人们便可以据此从已知信息推出未知信息，进而在句子的蕴涵命题集中选择唯一的内容，所以上下文提供的信息结构是人们选择言语形式蕴涵命题的重要依据，它告诉了说话人或听话人这个言语形式"说的是什么"，那交际双方也就相应地知道自己该说什么。

在言语交际中，明确了言语形式的命题内容即说的是什么还不够，重要的是还要搞清楚选择这种言语形式的目的、意图，即这么说是想干什么。一般来说，一个命题内容可能与若干目的、意图有关，但在上下文语境中，它只能与一个特定的交际目的、意图产生联系，这需要交际双方根据前言后语等在心理上完成这种联系的建构。命题内容与说话意图联系了起来，有效的交际便有了基础，因为交际双方都可以围绕着目的组织话轮。适应目的和意图后，言语行为就产生了效用。你不知道他说话是为了什么，你怎么去适应他呢？在日常言语行为中，交际双方在很多时候不会直接把交际目的和意图说出来，而是通过上下文来体现的，只要对前后加以对比，就能看出来。

四、关联性原则

所谓关联，一是指在交际中的前后言语行为要有关系；二是指在交际中的言语行为能让人产生联想及推理。前者很容易理解，如上所述，要有一个成功的语效行为，交际双方不可能各行其是。你说你的，我谈我的，各不相关，便走不到一起。双方只有在同一个交际目的之下，采取相关的言语行为跟总话题相关、跟双方前面的话相关，才能展开话轮，使交际活动成功进行下去。上面的例子可以说明这一点。后者涉及的因素就是前面已经指出的，一个交际活动的顺利进行应该建立在说话人和听话人双方所共有的背景知识上。有了这种知识，说话人才有可能对听话人选择适合的话语形式，传递信息，并相信听话人能理解他的言语行为；有了这种知识，听话人才有可能做出积极反应，理解说话人的言语行为，并采取相应的言语行为。双方在共同背景知识上的相适应过程就是一种关联的过程，所以关联是一个依赖某种语境的概念，也就是依赖背景知识的心理上的东西。这种背景知识也可叫作认知语境，它包含了人们大脑中对世界的认知印象、自己的经验、各种各样的旧信息和据此得出的假设。交际双方就是通过明示意义，在旧信息和假设基础上来理解新信息，并使二者相互作用来开展话语活动的。如果没有了这些，双方的交际将很难想象。A 说了一个情况，B 根本不理解，那就更别谈联想与推理了。当然，人不同，各自的认知语境就可能不同，那么由旧信息联想推理出的新信息也就难以相同，他们所做出的言语行为就会有区别。

五、言语行为原则

1955 年西方语言哲学家奥斯汀提出了言语行为理论，塞尔对之完善、补充、修正，进一步发展了这一理论，它为人们认识语言又开辟了一个新的视角，引导我们从行为角度来审视人类的言语交际活动。奥斯汀的言语行为理论认为言语行为可分为三种形式：一是言内行为，二是言外行为，三是言后行为。言内行为，是指"说话"这一言语行为本身；言外行为是说话的同时伴随着行为动作；言后行为是指说话所产生的影响或效果。言内行为一般只表达字面意义，而言外行为则是通过字面意义来表达说话人的目的和意图。语用学中应用最多的是言外行为，因为言外行为实施之后，能产生明显的语用功能。

塞尔进一步发展了言语行为理论，他认为言语交际的最小单位既不是单词，也不是句子，而是言语行为。所以，言语交际的过程实际上就是由一个接一个的言语行为构成的。塞尔还认为，言语是一种受规则制约的社会行为，为此他提出制约言语行为的两种规则：调节性规则和构成性规则。调节性规则是指调节与该言语行为相关的言语活动，以便于言语交际的顺利交流。构成性规则，是指言语行为本身应当是按一定规则构成的一个个言语片段或行为片段。如果言语交际中遵照这两种规则，言语行为将是顺畅的，假如言语交际中违反这两种规则，言语交流将会出现障碍或麻烦。

塞尔在言语行为理论中，对言外行为的分类和言外之力做了充分的阐释，他将言外行为分成五大类：阐述类、指令类、承诺类、表达类、宣告类。

塞尔认为，人们每说一句话都是在实施一种言外行为，而且这句话具有一定的言外之力。言外之力，就是指话语在一定的语境中具有一定的交际价值或语用功能。我们认为言语行为理论不仅仅是研究或阐释语言意义的理论，它也可作为人们进行言语交际的一个重要原则，跟适应性原则同时发挥作用。

人们在言语交际中，不只是在进行言语的交流，而往往是在完成一种行为，言语和行为是密不可分的。言语行为理论倡导的言语行为结合学说，使言语理论从单纯的言语研究中解脱出来，注重将语言与行为相结合，通过语言来施行某些行为，以及要注重通过言行所能产生的实际语效。

实现言语行为原则，就要求人们在言语交际中应当遵守下面两点。

一是言语行为的整体性，它包括两个方面：首先，言语是人与人交际的主要工具，但它不是人与人交际的唯一工具。除了言语之外，还有手势语、身势语、信物、标志以及副语言的应用，它们在言语交际中应与话语协调一致，互相配合，共同传达信息，产生语用效应。其次，在言语交际中，人们的言语行为可以分为言语片段和行为片段，而且一定的言语片段和一定的行为片段结合在一起形成一种不可分割的整体。在语用学研究中，我们将这种言语片段和行为片段，当作一个大的言语单位来看待。这个大的言语单位，可以是语段，也可以是语篇。比如，《刻舟求剑》可以被看作一个语篇。但在《吕氏春秋·察今篇》中，则是作为一个言语单位来应用的。作者用"舟已行矣，而剑不行，求剑若此，不亦惑乎"来说明社会变革了，法制也应当随之而变，不能沿用旧法制来管理国家。在语用策略和语用补偿等部分中，我们都是将它作为一个言语单位来处理的。

二是言语行为的效应性。言语行为理论认为，每个言语行为片段，都能传递一定的信息，而它传递的每个信息都具有一定的交际价值或语用功能。这种交际价值或语用功能，就是塞尔所说的言外之力。在言语交际中，人们总是不断地在实施言语行为，而每个言语行为也自然而然地产生出一定的交际价值或语用功能。

第四节　现代汉语语法的教学

一、现代汉语语法教学的重要性

（一）现代汉语学科发展的内在需求

现代汉语教学内容大致包括语音、文字、词汇、语法、修辞、语言运用等几大部分，其中语法部分是现代汉语课程的重点和难点所在，现代汉语语法基础理论是否夯实，语法知识是否有所创新与时俱进，都对现代汉语学科有重大影响。在李维瑜的《简论现代汉语语法教学的必要性》一文中给现代汉语语法下了这样的定义：现代汉语语法是指语言中客观存在的语法结构规律，是语言中词、短语、句子等语言单位的组织结构规律，包括词的构造、变化规律和组词成句的规则；是指语法研究者对语法结构规律的理性认识与抽象概括，即语法学。如果说现代汉语是一棵大树，那么现代汉语语法便是这棵大树的主干，主干是否有源源不断的养料供应，直接影响着大树的生命。现代汉语语法研究是现代汉语学科充实和发展的重点，是现代汉语学科发展的内在需求。

（二）现代汉语教学发展的内在需求

现代汉语语法教学是在一片争议声中艰难前行的，很多专家学者认为现代汉语语法基础理论体系复杂，各家各派，新旧研究既补充推动，也自相矛盾，无法自圆其说，研究现状复杂不定。加之现代汉语语法在实际运用中时有脱离实际的情况发生，很多专家学者认为，现代汉语语法教学没有必要存在，且教授难度不宜过难，教授现代汉语语法理论对于现代汉语的"工具性"特点没有充分体现。学生现代汉语能力的培养与提升，实践与运用，可以凭借语境、语感等创设与培养习得，艰涩难懂的语法理论在实际的语言运用中"水土不服"。因此人们对现代汉语语法教学褒贬不一。但是现代汉语教学离不开现代汉语语法教学，语法教学是其无法回避的一部分，现代汉语语法教学可以走出瓶颈，也会促进现代汉语教学的发展。

二、构建科学的教学模式，促进现代汉语语法教学

可以将教学模式理解为根据一定的教学思想或教学理论的指导，从而建立起来的相对来说比较稳定的与教学活动相关的结构框架与活动程序。将教学模式理解为框架结构，是因为教学模式能够从宏观上对教学活动的整体以及构成要素之间存在的内部关系与功能进行把握；将教学模式理解为活动程序，则是因为教学模式本身具有的特点，即有序性以及可操作性。我们要以现代汉语语法教学的现实情况为出发点，使用科学合理的教学模式，推动现代汉语语法教学的科学发展。

（一）设定科学合理的教学目标

教学任务的执行是围绕着教学目标的实现而开展的，科学合理的教学目标设立，是任何学科教学良性开展的基础和保障。现代汉语语法教学之所以面临很多困难，主要是由于现代汉语语法教学目标不明确和目标设定不合理。现代汉语语法教学的最终目的是为现代汉语学科教学服务，而现代汉语学科的教学目标应该充分体现现代汉语"工具性"特点。现代汉语的"工具性"特点，要求现代汉语语法教学必须有很强的实践性，一味地强化理论知识，只会提高现代汉语语法教学的难度。比如，针对现代汉语课程，有必要设定若干阶段性目标，将这些阶段性目标分化在现代汉语语法教学的过程中，循序渐进，不急于求成。现代汉语语法教学的目标设定既要稳固基本理论的充实和发展，同时必须兼顾

实践运用，使得现代汉语语法教学既不完全脱离理论支撑，弱化学科自身发展，又不完全倾向具体实践。因为任何学科的发展都是基础理论与实践操作相结合的，基础理论是根基，实践操作是表现。二者缺一不可，所以科学地设定现代汉语语法教学目标，既不能"人言可畏"，也不能"惧怕困难"，更不能脱离学生习得情况的具体要求。只有将这些因素充分考虑，设定科学合理的教学目标才能建立科学的教学模式，促进现代汉语语法教学科学化发展。

（二）探索合理的操作程序

科学合理的现代汉语语法教学模式的设立，需要科学、有序的操作程序执行教学行动。在现代汉语的教学过程中会产生很多值得学习和记录的优秀教学案例，这些优秀的教学案例中包含着众多现代汉语语法教学模式构建的可执行操作程序，这些程序是否可以广泛传播形成"经验模式"？是否有重大问题需要反思？教学案例记录的是教学模式的具体操作程序，优秀的教学案例提供的是合理有序的操作程序，失误的教学案例反馈的是操作程序不当的具体因素。在现代汉语语法教学材料和教学进程中，探索合理的操作程序对于构建科学的现代汉语语法教学模式非常重要。

（三）创设有效的实现条件

教学模式实现条件的主要因素有教师、学生、教学内容、教学手段、教学环境、教学时间等。充分考虑所有实现因素，做到不遗漏、不丢失、不主观回避困难因素。在这些主要因素中，教师很容易把握的是教师、教学内容、教学手段这几个因素，往往容易忽略学生、教学环境、教学实践等因素。因此创设有效的实现条件就必须充分考虑所有起积极作用的因素，消除所有起消极作用的因素。

（四）建立科学合理的评价体系

应该建立起专门对现代汉语语法教学进行评价的评价体系，以现代汉语语法教学本身具备的特点以及现实状况，制定出合理并且能够产生效果的评价标准与方法，只有这样做才能更加"有理有据"地对现代汉语语法教学进行研究。

三、现代汉语语法教学科学开展方法与途径

（一）单一教学法与综合教学法的有效合理运用

现代汉语语法教学过程中运用的教学方法，如讲授法、提问法、论证法、互动法、讨论法等，都是在教学过程中被广泛认可应用较多的教学方法，除了以上的教学方法外，根据教学方法基本理论和分类方式的不同，还有很多不同的教学方法，如相互作用法、个性化法、实践化法、呈现法、强化法等。这些方法的运用，要充分考虑实现条件因素，哪种方法适合就用哪种方法，一定要摒除"综合利用多种方法就是好方法"的错误思想。在教学过程中，一种现代汉语语法规律的讲授往往只需要运用一种教学方法，运用多了反而达不到教学效果。在讲授语法规律时又特别适合充分举例运用多种教学方法，这样学生能充分学习和掌握语法知识。因此，是采用单一教学法还是采用综合教学法应该"具体问题具体分析"，运用有效的教学方法为现代汉语语法教学服务。

（二）重视知识与实践相结合

现代汉语语法教学的"死局"，很大程度上是因为现代汉语语法多为规律性理论，许多教师在授课过程中重视知识传授，而忽略实践应用，即使有实践应用也仅限于考试，学生没有锻炼、反思、感受、学习的时间和空间，往往对现代汉语语法学习没有兴趣。现代汉语的"工具性"特点，充分说明了实践的重要性，因此在教学之余，应该延展课堂、增加教学活动、拓宽实践领域，将学练相结合才能使现代汉语语法教学走出"困境"。

第六章　汉语修辞与教学

语音、语汇、语法是语言的三要素，文字是记录语言的符号，修辞是提高语言表达效果的一门学科。修辞同语言三要素以及文字之间的关系都十分密切，对汉语修辞进行教学能够不断提高学生口头与书面的表达能力。本章主要分为汉语修辞概说、修辞的方式与功能、修辞的文化审美以及现代汉语修辞的教学四部分，主要内容包括修辞的内涵、修辞方式、历代统治阶层的提倡与儒道佛等诸家文化对辞格审美的推动、汉语修辞教学的目的等。

第一节　汉语修辞概说

一、修辞的内涵

"修辞"一词在先秦时期的典籍中就开始使用了。《周易·乾·文言》上就有"修辞立其诚"的说法，这个"修辞"是一个动宾结构的词组，是修饰文辞的意思。修辞是言语交际的产物，是人们为了达到预想的口语或书面交际目的而进行的修辞活动。旧的修辞观念仅限于修饰文辞。陈望道的《修辞学发凡》一书，突破了"修饰文辞"的范围，把修辞的观念扩展到"调整语词"，指出"修辞原是达意传情的手段。主要是为着情和意，修辞不过是调整语辞使达意传情能够适切的一种努力"，从而使我们研究的修辞，既不同于孔子最初提出的"修辞"的原义，也不像后人解释和研究的范围那样狭窄，而是包括口语和书面语交际各个领域中的为达到交际目的所采取的一切有效的言语表达手段，并不仅仅是词句的锤炼和修辞格。我们今天作名词讲的"修辞"却有好几种含义。

要正确理解修辞的不同含义以及这些含义之间的关系，就必须首先弄清楚的基本概念有：①修辞活动。在交际活动中，为了达到预期的最佳表达效果而

对语言材料进行选择的过程就是修辞活动。换言之，在言语交际中，人们总是希望通过言语行为来提高表达效果，如果这种希望被付诸行动，就会成为修辞活动。②修辞规律。狭义的修辞，其实就是修辞规律，是指修辞活动中必须遵循的规律。③修辞学。它是建立在修辞规律基础之上的理论认识。修辞学和修辞规律不同，客观存在的修辞规律只有一种，而修辞学则是多种多样的。王希杰认为，修辞学的任务是从那些为了增加语言表达效果而对语言进行加工的现象中寻求规律性的东西。

二、修辞的三个原则

修辞活动必须遵循一定的原则，主要包括：适合特定的题旨和语境、选择恰当的表达形式、取得相对最佳的表达效果。

（一）适合特定的题旨和语境

1. 适合特定的题旨

特定的题旨，即语言使用者运用语言进行交际的具体目的。语言的表达总是受一定的交际目的支配的，适合交际目的的语言表达才能产生好的语言效果。例如，"当干部不能超生，超生不能当干部！"从语法方面讲是个不错的句子，但是从修辞和逻辑的角度讲都不是一个好的句子，因为其题旨不明，强拉因果。

2. 适合特定的语境

修辞活动总是在一定的言语环境中进行的，它受到言语环境的制约。所以，要想使自己的交际获得良好的效果，除了要符合言语目的，还必须切合言语环境。切合言语环境主要指切合表达者、切合接受者、切合客观环境三个方面。

（1）切合表达者

具体的修辞活动是具体的表达者为了达到一定的言语目的而运用语言的自觉行为。表达什么，怎样表达，归根到底取决于表达者。不同的表达者具有明显的个性化特征。它使表达的内容与形式都呈现出差异；同时，表达者自身的一些临时性特征，也影响着他们对话语的选择与建构。从这个意义说，表达者制约着修辞活动，修辞活动必须切合表达者。

表达者自身有着鲜明的个性化特征，如年龄、性别、身份、地位、职业、经历、文化教养、思想性格等方面的差异，都对语言的运用产生着很大的影响。正如你不能希望贾府里的焦大有莺莺燕燕之语，不能想象贵为王孙公子的贾宝玉能像焦大一样口出粗话、当街骂人一样。

（2）切合接受者

所谓针对接受者进行修辞活动，指既要考虑他们自身的实际情况，又要考虑表达者与接受者之间的角色关系。接受者的实际情况，包括他们的年龄、性别、身份、职业、地位、经历、文化教养、思想性格、心理特征等，这一切都直接制约着修辞话语的有效接受，关乎交际的成与败。例如，对一个四五岁的小孩子，你满口"之乎者也"他肯定听不懂，面对一个乡下老太太，你口口声声"因为……所以""即使……也""不管……都"，她会觉得迷惑不解。

（3）切合客观环境

切合客观环境主要包括切合语流，切合具体的时间、地点、场合，切合社会政治背景，切合社会文化背景等。只有这样，才能保证修辞活动向着积极、成功的方向发展。首先，要切合语流。所谓切合语流，是指上下文的声音要和谐，富于美感；语义要有关联，富于逻辑性；结构要稳妥，富于层次感。其次，要切合具体的时间、地点、场合。在修辞活动中，某些"此时此地此情此景"的因素直接影响着交际，制约着交际。在选择话语内容、话语形式的时候，不可将它们置之脑后，恰恰相反，应时刻保持清醒的意识，使话语建构符合它们，贴合它们，即所谓"到什么山上唱什么歌"。再次，要切合社会政治背景。政治不光对人们的社会生活产生着极大影响，而且还在一定程度上严重制约着人们的修辞活动。最后，要切合社会文化背景。所谓切合社会文化背景，就是指在修辞活动中，要根据所使用的语言和交际发生的社会文化背景组织话语，选择恰当的修辞方式，否则，就可能导致交际失误。

（二）运用恰当的语言手段

运用恰当的语言手段是修辞学的内容。主要包括：语音的配合、文字形貌的利用、词语的选用、句子的锤炼和衔接、特定修辞方式的运用，以及篇章结构的安排和语体风格的协调等。

运用恰当的语言手段既包括同义手段的选择，也包括某一手段的变异使用。这就是说既包括在同一个意思的不同表达方式中，选择其中最有效的表达手段，也包括将某一个表达方式加以变化，变为异乎寻常的表达手段来增强语言的表达效果。魏巍在谈到《谁是最可爱的人》的创作体会时，讲到文中一处描写志愿军战士在敌机轰炸着火的房间救人，最初写的是"循着哭声一下子抓到了一条小腿，就赶紧抱在怀里"。后来觉得不妥，改成"摸到了一条小腿"。"抓"与"摸"都是表达手的动作的动词，在烟熏火燎、眼睛没法辨别的环境中，显然"摸"比"抓"更加恰当，这种修改是必要的。

（三）追求理想的表达效果

所谓表达效果，是指修辞内容通过修辞手段表达出来以后，在接受对象中产生的影响和作用（接受修辞学）。具体来说，就是要做到准确、鲜明、生动。

从修辞的角度来说：①语言的"准确性"指的是对客观事物要如实地反映它的本质和规律，而且要恰如其分地、贴切地、正确地予以表达。②语言的"鲜明性"一般要求做到立场鲜明，观点鲜明，语言色彩鲜明。对事物赞成什么，反对什么，要做到明明白白，毫不含糊。③语言的"生动性"一般指语言要新鲜活泼，形象具体。在这三者中，准确性是基础，是关键。

三、修辞的分类

修辞分类方法很多，一般情况下，人们大多取法陈望道先生《修辞学发凡》，将修辞分为消极修辞和积极修辞。消极修辞是对语言运用的基本要求，着眼于用词准确，语意明白，结构妥帖，语句简洁，文理贯通，语言平易，合乎规范，能把客观概念表达得清晰、准确、连贯、得体，没有语病，一看就懂，只求达意，不尚华丽。

积极修辞是对语言运用的高一级要求，在讲求语言准确、得体、简洁的基础上，注意具体修辞手法的运用，追求语言的形象鲜明、生动活泼。

四、修辞的要求

（一）准确

准确，就是用合乎规范的语言真实地反映客观事物，恰当地表达自己的思想感情。也就是语言的表达要切合原意，不走样。这是修辞的最基本要求，违反这一要求，就会造成词不达意。

准确是以语言规范为前提的。任何一种语言都有自己的语言规范，包括语音的、语汇的、语法的，以及记录语言的文字等的规范。汉语也不例外，那么现代汉语的规范是什么呢？现代汉语的规范就是现代汉民族共同语，即以北京语音为标准音，以北方话为基础方言，以典范的现代白话文著作为语法规范的普通话。也就是说，现代汉语的标准语就是普通话，普通话就是运用汉语时必须遵守的准则。

（二）简明

简明，就是简要、明白。简要，就是表达同样的意思，用的语言要尽可能少，不用可有可无的字词，不重复啰唆。明白，就是意思清楚明白，不致产生误解。用一句话来概括，简明就是用尽可能少的语言，传递尽可能多的信息，达到尽可能高的准确度和可理解度。要使语言简明，首先要围绕中心（全文的中心或一段的中心），不旁生枝节。其次不仅要围绕中心，而且要结合具体的语境，省去不必要的重复。最后还要注意适当使用修饰成分，不滥用。需要注意的是：修辞要求简明，并不是一味追求形式上越少越好，要从表达需要出发，该少就少，该多就多，不能为了简明而影响语意的表达，甚至让人误解。

（三）连贯

连贯是从语言的组合衔接上对语言运用提出的要求。一篇之中、一段之中，谁先谁后，都应该有一个统一的安排。必须做到话题前后一致，表述的角度一致，思路连续不断，语言衔接紧密。

张志公说，哪句话或哪个句群先说，哪个后说，都要根据它们内在的逻辑顺序，有条理地加以安排。如果颠三倒四，语无伦次，就无法准确地反映事物之间的内在联系，也就必然失去了内容的连贯性，从而使自己所要表达的意思无法准确而严密地表达出来。

（四）得体

所谓得体，即要求语言适合语言环境，恰如其分。如何才能做到"得体"呢？为此要做到：①适合上下文，词语使用准确，句式选择恰当；②目的明确，有的放矢；③看准对象，讲究分寸；④适应场合，巧妙用语。同时还要利用特定的场合，学会"因境设辞"。

（五）富有表现力

所谓表现力，是指语言要具体、生动、形象，要能够在具体的语境中表达丰富的意思，能够感染别人。即陈望道先生所谓的不仅要使人"理会"，而且要使人"感受"。首先，要选用准确、形象、富有表现力的词语，尽可能少用概念化、概括性强、抽象的词语。其次，要善于将寻常的词语艺术化。最后，要恰当使用修辞格。

五、修辞与语法、逻辑的关系

语法、逻辑、修辞属于不同的学科，有不同的研究对象。语法研究的是语言的结构规律，逻辑研究的是思维的基本规律，修辞研究的是运用语言的方法、技巧的规律。简而言之，语法管"通不通"，逻辑管"对不对"，修辞管"好不好"。

语法、逻辑、修辞虽然属于不同的学科，但是又有着极为密切的联系。一方面，修辞以语法、逻辑为基础。由于说得通的和说得对的并不一定都是说得好的，而说得好的却必须是说得通的和说得对的，所以修辞以语法、逻辑为基础。另一方面，修辞又常常在一定程度上突破语法和逻辑的限制，创造出特殊的语言表达效果。

第二节　修辞的方式与功能

一、比喻和借代

（一）比喻

比喻是通过联想，利用不同事物间的相似点，用另一个事物来描绘所要表现的事物。比喻又叫譬喻，俗称打比方。比喻的构成，必须有两个部分：一是所描绘的对象，即被比喻的事物，叫"本体"，二是用来做比喻的事物或现象，叫"喻体"。构成比喻还要有两个条件：其一，本体和喻体应当是不同的东西，有质的差异；其二，两者之间又需要有相似点。

比喻一般分明喻、暗喻和借喻三种。明喻是用"像、好像、如、如同、若、似"等比喻词联结本体和喻体的比喻。暗喻是用"是、成了、成为、变成"等比喻词（有的用破折号）联结本体和喻体的比喻，又称"隐喻"。借喻是本体、比喻词都不出现，而借用喻体来直接代替本体的比喻。比喻的主要作用体现在以下三方面：①用来刻画人或事物的形象，突出其某方面的特征，给人以生动具体、鲜明深刻的印象。②用浅显的常见的事物说明深奥的道理，使人易于理解。③可以使语言富有形象化色彩。

运用比喻必须注意喻体要新鲜、贴切、不落俗套，并为读者所熟知；还要注意感情色彩和语体色彩等，做到褒贬分明，风格协调。

（二）借代

借代，即借彼代此，不用人或事物的本来名称，而借用与它相关的名称来称呼它。借代的本体和代体之间必须有一定的相关关系。

借代的主要方式有：①以特征、标志相代。例如，"先生，给现洋钱，袁世凯，不行吗？"（叶圣陶《多收了三五斗》）句中借"袁世凯"来代指"印有袁世凯头像的旧制银圆"。②以作者、产地相代。例如，"读鲁迅"，以"鲁迅"

代指他的著作；"买两斤绍兴"，以产地绍兴代指绍兴酒。③以材料、工具相代。例如，"各家大半懒洋洋地踱出一个国民来，撅起一块斑驳陆离的洋布。"（鲁迅《头发的故事》）"洋布"是作"旗"的材料，用来代指旧中国的"国旗"。④抽象、具体互代。例如，"正义是杀不完的，因为真理永远存在。"（闻一多《最后一次的讲演》）"正义"代指正义的人，是抽象代具体。"前怕狼后怕虎，唯恐丢了乌纱帽"，其中的"乌纱帽"代指官职，是具体代抽象。⑤局部、整体互代。例如，"几年来的文治武力，在我早如幼小时候所读过的'子曰诗云'一般，背不上半句了。"（鲁迅《一件小事》）句中以"子曰诗云"代指古代书籍，是局部代整体。⑥特称、泛称互代。例如，"你杀死一个李公朴，会有千百万个李公朴站起来。"（闻一多《最后一次的讲演》）句中后一个"李公朴"实际上泛指那些像李公朴先生那样的爱国民主人士，是特称代泛称。

恰当运用借代这种修辞手法，可以突出事物的本质特征，增强语言的形象性；而且还可以使文笔简练，语言富于变化和幽默感。运用借代必须以明白易懂、一目了然为原则。此外，借特征代人时，要注意其褒贬色彩和使用场合。

借代和比喻中的借喻不同：借代的本体与代体之间有直接的密切的"相关关系"；而借喻的本体和喻体是本质不同的事物，只是利用"相似关系"通过联想临时把两者联系在一起。

二、比拟和夸张

（一）比拟

比拟，就是运用联想，把甲当作乙来描写。比拟分拟人和拟物两种。拟人即把生物或非生物当作人来描写，赋予它们人的思想感情，让它们具有人的音容笑貌。例如，"那蓬蓬迎春，正在乍暖还寒的春风中，摇曳着黄灿灿的花枝热情地赞美这群迟归的姑娘。"（鲁光《中国姑娘》）迎春花是生物，这里却用了描写人的词语"热情地赞美"，赋予花以人的行为特征。这种人格化的方法，在诗歌、童话、寓言、抒情散文中用得较多。拟物，就是把人当作物，或者把一件事物当作另一事物来描写。例如，"那肥大的荷叶下面，有一个人的脸，下半截身子长在水里，那不是水生吗？又往左右看去，不久，各人就找到了各人丈夫的脸。啊，原来是他们！"（孙犁《荷花淀》）几个去阵地探望丈夫的妇女，她们把隐蔽在荷叶下面准备伏击敌人的那些男人，说成"下半截身子长在水里"，把自己的丈夫比拟为水中惹人喜爱的植物，给人以清新、壮美的印象。

比拟是语言艺术化的一种常用手段。恰当使用比拟，可以使语言生动活泼，

绚丽多彩，更鲜明地表现人们喜怒爱憎的感情。运用比拟首先要注意必须是自己真情实感的流露，感情必须符合所描写的环境气氛，感情色彩必须鲜明；其次要注意被比拟对象的特点，构成比拟的甲乙之间最好有某些相似之处，能引起人们的联想，这样才能显得有声有色，活灵活现。

比拟同比喻、借代有所不同。比喻要求两个本质不同的事物有相似点，重点在"喻"；借代要求两个事物之间有相关关系，重点在"代"；比拟直接把甲当作乙来描写，使彼此交融，浑然一体，重点在"拟"，是一种移情寓意的表现手法。

（二）夸张

夸张指的就是为了让说的内容或者写的内容给对方留下更加深刻的印象，而故意对事实进行夸大或者缩小。夸张最主要分为两种类型，即直接夸张与间接夸张。直接夸张是直接地对事实进行夸大或缩小，不借助别的修辞方式；而间接夸张则需要借助其他的修辞方式才能对事实进行夸大或缩小。

夸张也可以分为扩大夸张和缩小夸张两种。凡尽力将事物的形象、性质、特征、作用、程度等往大、多、快、高、长、强的方面扩增的，是扩大夸张；凡往小、少、慢、短、弱的方面缩减的，是缩小夸张。

恰当使用夸张，便于揭示事物的本质，增加语言的感染力，给人以深刻的印象，可以启发读者的想象力，丰富读者的联想，增加语言的生动性。运用夸张必须注意：①要以客观事实为依据，对事物特征、作用等做合理合情的渲染，防止夸而无节、夸而失度。②要明确、显豁，不能给人一种和事实一模一样的写实的感觉。③要力求新颖，不落俗套。

三、排比和对偶

（一）排比

用三个或三个以上结构相似，字数大体相等的句子（或分句，或短语）来表达相似或相关意思的一种修辞手法，被称为"排比"。例如，"在东京的青山墓地看，上野公园看……千鸟渊看，在京都看，奈良看……雨里看，雾中看，月下看……日本到处都有樱花。"（冰心《樱花赞》）这是谓语成分的排比，连用八个短语，极力渲染了日本的樱花之多、之盛，语气贯通、气势磅礴。

排比是能增强语言表达效果的一种常用的修辞手法，它有加强语势的作用，可以增加语言的节奏感与旋律美，给人以一气呵成之感。排比多用于说理和抒情。用于说理时，可以把论点阐述得更严密、透彻；用于抒情时，可把情感抒发得淋漓尽致。

运用排比必须注意：①从内容的需要出发，不能生拼硬凑，单纯追求形式。②构成排比的各项，既可以是并列关系，又可以是层递关系。如果是层递关系的，排比的各项间次序就不能随便变动。③排比的语句，既要语气一致，又要意思连贯。

（二）对偶

对偶是把一对结构相同或相似、字数相等的句子（或短语）连接在一起，用以表达相似、相关或相对、相反意思的一种修辞手法。对偶分为平对、串对和反对。平对是由两个意思相关、相似的句子或短语构成的，如"无边落木萧萧下，不尽长江滚滚来"（杜甫《登高》）。串对是由两个内容连贯的，相互间有承接、递进、因果等关系的短语或句子组成的。由于上下两部分相串成对，不是平列的，而是顺承而下犹如流水的，故又名流水对，如"野火烧不尽，春风吹又生"（白居易《赋得古原草送别》）。反对是由两个意思相反或相对的短语或句子构成的，如"横眉冷对千夫指，俯首甘为孺子牛"（鲁迅《自嘲》）。

对偶这种修辞方式是汉语独有的，其表达效果也十分独特。对偶在形式方面是整齐的，结构方面是匀称的，能够引起人的注意，能够顺畅地进行阅读，十分方便记忆与传诵，而且具有较强的概括力，能够让内容变得凝练集中，可以将事物之间存在的内在联系鲜明地揭示出来，能够对事物之间存在的对立统一的辩证关系进行反映。

由于对偶要求用精练的语言概括事物的性质和特点，充分利用对称美来表达思想感情，因此，使用时必须从表达的需要出发，深刻了解所写事物的特点，并充分利用语言的各要素构成鲜明对称的句式，不可削足适履，硬凑形式，以辞害意。

排比和对偶有明显的区别。排比都是三项以上，对偶只限于两项；排比是意思上一气呵成的成串组织，对偶则是两层意思互相补充、互相映衬的成对组织；排比往往可以用相同的词语作提挈语，而对偶一般力避字同，但是宽式对偶也允许出现相同的词语。

四、双关和反语

（一）双关

双关是在一定的语境中，利用语音和语义条件，有意使话语具有双重意义，言在此而意在彼的修辞方式。双关分谐音双关和语义双关。谐音双关是利用同音或近音的条件构成的双关。例如，"杨柳青青江水平，闻郎江上唱歌声。东边日出西边雨，道是无晴却有晴。"（刘禹锡《竹枝词》）"晴"与"情"相谐，表面上指天气阴晴的"晴"，实质上指感情的"情"。谐音双关是民歌、民谣、歇后语中常用的一种修辞手法。借义双关是利用词语或句子的多义性构成的双关。例如，"繁漪：好，你去吧！小心，现在（望窗外，自语）风暴就要起来了！"（曹禺《雷雨》）"风暴"表面指自然界的天气现象，实质上指矛盾激化，生死与搏斗就要到来。

对双关进行恰当地使用，不仅能够让语言变得更加精简、幽默，而且能够让表达变得更加含蓄委婉、生动形象，从而让文章更加具有表现力。在对双关进行使用的时候，应该注意：首先，要对意思进行明确的表达，寓意含蓄。表面意义与内里蕴含的意义之间的联系应该十分明显，不仅不能将实际的含义显露出来，又应该能够让人理解实际蕴含的意义。其次，应该对内容本身具有的思想性与战斗性加以重视，不应该因为对含蓄幽默的一味追求而对内容的表达造成影响，应该做到是非与褒贬的分明。

（二）反语

反语是使用与本来意思相反的词语或句子来表达本意的修辞方式，通常叫作"说反话"。反语分嘲讽性的反语和喜爱性的反语两种。嘲讽性的反语表示讽刺和嘲弄。例如，"有几个'慈祥'的老板到菜场去收集一些菜叶，用盐一浸，这就是她们难得的佳肴。"（夏衍《包身工》）说老板"慈祥"其实是"凶狠"，这里故意反话正说，意在讥刺嘲讽那些老板们。喜爱性的反语是把贬义色彩的词语用在意欲褒扬的人物身上，以表达亲昵、喜爱或愉快的感情。例如，"几个女人有点失望，也有点伤心，各人在心里骂着自己的狠心贼。"（孙犁《荷花淀》）"狠心贼"在此是指她们日夜思念的心上人。它曲折含蓄地表露了这几个白洋淀妇女对亲人深刻强烈的爱恋和眷念之情，这是正话反说。

反语在一定的语言环境中比正面说法更有力。它常用于指责、揭露、批判、讽刺对方，鲜明地表示说话人所持的态度，能使文章更有讽刺力和战斗性；表示亲切喜悦的反语则能表达说话人的深情和隐衷。反语还可以使语言有变化，不死板。

运用反语要注意力求鲜明，切忌含混。要根据不同的对象，采用不同的态度，力求明朗；在方法上，或先正说后反说，或先反说后正说，或加上引号，或前面加上"所谓"之类的词表示。在口头上，要变换语调。

反语与双关相类似的是，两者都有表里两层意思。表面上一层是词语本身所固有的，里面的一层是这个特定上下文所赋予的。说写者的真意在里面这层意思上。区别于双关的地方是，反语的表里两层意思永远是正好相反的。

五、引用和反复

（一）引用

人们说话写文章常常借用现成的话语（如成语、谚语、典籍中的文句或名人的语录之类）或采用现成的说法以表达自己的思想感情，说明自己对新问题、新道理的见地，这种修辞方式叫"引用"。

引用有明引和暗引、正用和反用之别。明引是指明白地、直接地引用原文。例如，"牡丹被人誉为花王，但南国花市上的牡丹大抵光秃秃不见叶子，真是'卧丛无力含醉妆'。"（秦牧《花城》）直接引用白居易《牡丹芳》中的诗句，用以形容牡丹花的娇羞之态。暗引只是引用原文的主要意思，由引用者用自己的话加以转述，不用引号。例如："美国的一位作家索洛曾在一本书上说过，美国铁路的每一根枕木下面都横卧着一个爱尔兰工人的尸首。"（夏衍《包身工》）这句话间接引用了美国作家索洛的话来比照中国包身工的命运。

正用是指引文的意思同作者本人的意思是一致的，前面举的两例都是正用。反用是"反其意而用之"，指引文的意思同作者本人表达的意思正好相反。例如，"其实是'秀才虽出门，不知天下事'的。秀才只有秀才头脑和秀才眼睛，对于天下事，哪里看得分明，想得清楚。"（鲁迅《谚语》）"秀才虽出门，不知天下事"是"秀才不出门，能知天下事"的反用。

引用名人的言论，或者引用大家所熟悉的典故、寓言、谚语等来说明问题，阐述观点，能使文章说理透彻，表现生动，增强说服力和辩驳力。恰当地运用引用，可以收到言简意赅的效果，还可以使语言生动活泼，丰富多彩。

在使用引用的时候，应该加以注意的是：首先，不应该随意地对原文进行删减，造成引用与原文的意思不相符。其次，一定保证引用的原文是准确的、

可靠的，而且应该注明直接引用出自哪里。最后，引文应该精简、适度，进行引用的时候应该以文章的需要为出发点，应该慎重地选择引用的内容。

（二）反复

反复是为了强调或为了其他目的而有意识地重复使用某些词语或句子的修辞手法，分连续反复和间隔反复两种。连续反复是让某些词语或句子连续重复出现的反复，间隔反复是指让某些词语或句子间隔地重复出现的反复。例如，"沉默呵！沉默呵！不在沉默中爆发，就在沉默中灭亡。"（鲁迅《记念刘和珍君》）前面接连两次出现"沉默呵"，是连续反复。后面的"在沉默中"间隔出现在句中，属于间隔反复。这里交错使用两种反复形式，表现了感情由一般到强烈的发展变化。

对反复进行恰当地使用能够对语意进行强调，让重点变得更加突出，不仅能够使强烈的感情得以抒发，还能够让叙述变得更加具有条理性与生动性。有些时候，唱词以及诗歌中也会运用反复，以此来让其旋律更加优美，并且更加具有节奏感。除此之外，对反复进行恰当运用还能够让层次更加明显，并且让段落更加容易划分。

运用反复必须慎重、恰当。要与使人感到内容空虚、语言累赘的重复、啰唆区别开来。重复的话是废话，反复的话是必要的话。必须使用反复的前提是：不反复不足以表达深刻的思想，不反复不足以抒发强烈的感情，不反复不足以增强语言的节奏。

六、设问和反问

（一）设问

设问是无疑而问，先提出问题，然后紧接着把自己的看法说出来或者隐含不说的修辞手法。设问分自问自答式和问而不答式两种。自问自答式有"一问一答"式，例如，"是什么引起了这骚动呢？不是惊涛骇浪，更不是台风……使得汉堡港改变节奏的，说也奇怪，是一条船。就是中国远洋公司上海公司的远洋货轮汉川号。"（柯岩《汉堡港变奏曲》）文段先提出问题，然后由否定到肯定作答，指出引起骚动的真正原因。还有一种叫"多问一答"式，例如，"为什么鸡蛋能够转化为鸡子，而石头就不能转化为鸡子呢？为什么战争与和平有同一性，而战争与石头却没有同一性呢？为什么人能生人不能生出其他的东西呢？没有别的，就是因为矛盾的同一性要在一定的必要的条件之下。缺乏一定的必要的条件，就没有任何的同一性。"（毛泽东《矛盾论》）文段先用了三个问句，引起读者思考，然后总起来作答，说明矛盾的同一性必须具有一定的必要的条件这个道理。问而不答式，不要求对方回答，但自己也不回答，只是为了发人深省，例如，"春眠不觉晓，处处闻啼鸟。夜来风雨声，花落知多少。"（孟浩然《春晓》）

设问的修辞作用是突出内容，提请注意。能引人思考，启人深思，耐人寻味。能加强语气，加深印象。设问跟一般的提问不同。一般的提问是有疑而问，要求别人回答。设问是无疑而问，并不要求回答，或自问自答，或问而不答。

（二）反问

反问也是无疑而问，用疑问的形式表达确定的意思。反问所表达的意思，跟它的表面形式正好相反，即肯定的形式表示否定的意思，否定的形式表示肯定的意思，例如，"当年用自己的血汗保卫过第一个红色政权的战士们，谁不记得井冈山上的青青翠竹呢？"（袁鹰《井冈翠竹》）这句话意思跟陈述句差不多，但反问句比陈述句语气更为强烈。

反问和设问虽然都是无疑而问，但也有明显的区别：反问明确地表达肯定或否定的内容，设问不表示肯定什么或否定什么；反问主要是加强语气，用确定的语气表明作者自己的思想，设问则主要是提出问题，引起听读者的注意。

第三节　修辞的文化审美

一、历代统治阶层的提倡与儒道佛等诸家文化对辞格审美的推动

（一）历代统治阶层提倡的威力

历代统治阶层对辞格的提倡与带头写作能形成风气，起到导向作用。例如，六朝帝王大都爱好文学，追求诗歌上的创新，而且招揽文士，君臣唱和。"梁元帝萧绎为湘东王时，曾写有《后园作回文诗》，其兄弟萧纲、萧伦，侄萧祇及诗人庾信等人均有回文诗和作。萧衍为梁武帝时，曾喜好与臣子们论用典之多寡，以显示其学识之渊博。至于杂体诗，写作最多的是梁元帝萧绎。据逯钦立辑校的《先秦汉魏晋南北朝诗》记载，萧绎撰有《宫殿名诗》《县名诗》《姓名诗》《将军名诗》……""他们也常常喜欢利用析字手法来构诗，诗句里巧

含某字，把所有暗含的字连缀起来往往又构成一个成语或一句话，而这个成语或语句正是该诗的主题思想所在。南北朝的宋孝武帝刘骏，写过离合析字诗。"上述众多帝王的身体力行，对回文、用典、镶嵌、析字等辞格的流行及循环往复美、典雅美、机巧美、视觉美、听觉美等美质的传播，起了很大的推动作用，不仅影响当代，对后世也作用深远。

（二）儒道佛等诸家文化的推动

先看儒家倡导的礼仪文化中的避讳，其中"敬讳"一类对帝王名讳的演变，在整个封建社会愈演愈烈，直到专制政权解体，统治者为之强加上的"庄严美"也随即成为历史的遗迹。再以儒家思想中另一重要观点"求典雅"为例，因为儒家典籍被奉为万古之经，因此历代文人一定要多用引用手法，事必据"典"，言必雅正，庄严美、典雅美才在引用辞格中长期占主要地位。明清时期市民文学兴起，引用俗语现象才渐渐增多，这一手法呈现的通俗美和"谐引"带来的幽默风趣美也比例大增。再以佛教禅宗修辞中所用比喻为例，禅宗常常"寓深奥禅理于鲜活的比喻意象之中"，避免抽象的说教，常用的喻体有"灯、灯光、镜、镜子、月、指（手指）、牛、狮子等"。禅宗比喻形象美、意境美、通俗美俱佳，影响深远。再如衣、食、住、行文化对借代、比喻的促进：衣饰文化中，古代服饰制度规定皇帝穿赭黄袍，修辞中的借代即以"赭袍""黄袍"代称天子；六品、七品官员穿绿袍，即以"绿衣"借代小官；现代因受西方文化影响，穿绿色制服的邮递员亦被借代尊称为"绿衣使者"。饮食文化中，习惯用"金饭碗""铁饭碗""纸饭碗"借代不同等级工作的报酬。住文化中，受封建宗法制度男尊女卑观念影响，把妻妾等同于物品，以房屋来借代人，如以"正室"借代妻，以"侧室"借代妾。到了现代，如对别人介绍自己妻子时还常说"这是我屋里的"等。行文化中，如以"火车头"比喻领头人等。上述辞格运用分别呈现了典雅、委婉等美质。

二、思维方式对汉语辞格审美的影响

（一）取象比类的形象思维方式

《中国修辞学通史》指出："思维方式就是思维习惯、思维模式、思想方法。每个民族都有自己独特的历史、文化传统。传统思维方式是文化的重要组成部分，是民族心理的重要标志。"中国传统的思维方式直接影响着修辞的表达和接受。"中国古代学者一贯重视'象'，讲天体，称为'天象'，讲人体，称为'脉象'，在语言运用中，诸如'想象''表象''意象'等词语很多，中国文字构成的基本方法也是象形的。'取象比类'，采取形象的手法来表达思想，是中国古代的基本思维方式之一。这与西方古代重视逻辑思维形成鲜明的对照。"取象比类的形象思维方式对众多辞格的运用和流行，影响深远。例如，唐代司空图在《二十四诗品》中，就多次运用比喻等手法论述多种不同风格，如《纤秾》（节选）："采采流水，蓬蓬远春，窈窕幽谷，时见美人。碧桃满树，风日水滨，柳荫路曲，流莺比邻。"

读者要想了解与掌握作者的原意，就必须能够理解比喻等形象性的语言。形象性思维不仅会对比喻这种辞格产生较大的影响，而且还会影响到许多其他辞格，如借代、比拟、讽喻以及析字等。把析字作为例子加以说明，汉字不只能够表音，还可以通过字形表达意思，因此人们经常会"望文生义"，这也是汉字具有的特色。

（二）辩证思维方式

"辩证思维方式亦是中国古代传统的思维方式之一。中国自古以来重视辩证思维，认为任何事物都包含相互对立的两个方面，同时认为所有对立的两个方面都是相互依存、相互包容的。《论语·子罕》中记载孔子'扣其两端'的观点。《老子》中论述的'有无相生，难易相成，长短相较，高下相倾'，强调的是相互对立而又相互依存。《周易》提出的'一阴一阳之谓道'也是这种思想的体现。"

在这种思维方式的影响下，汉语特别讲究对偶，古往今来，无论是书面上还是口头上，对偶辞格运用得非常广泛。构成对偶的语言表达手段有三个方面。一是音节相对：相对的两句，音节总数相等。二是语法结构相对：相对的两句，语法结构相同或相近；相对的词，词性相同或相近。三是声调相对：相对的两句，平仄相对。对偶在形体上给人带来对称整齐的美，在声调上给人带来平仄相谐、抑扬顿挫的美。其他许多辞格的构成中都暗含着辩证思维的原理。例如，比喻中的本体和喻体、夸张中的夸大和夸小、引用中的正用和反用、仿拟中的正仿和谬仿、设问中的正面提问和反面激问等。而映衬按照《修辞学发凡》的定义就是"揭出互相反对的事物来相应相衬的辞格"。该辞格被分为两类："一是一件事物上两种辞格两个观点的映衬，我们称为反映；二是一种辞格一个观点上两件事物的映衬，我们称为对衬。作用都在将相反的两件事物彼此相形，使所说的一面分外鲜明，使所说的两面交相映发。"其中无论哪一种，都饱含着相反相成、既对立又统一的辩证法原理。

（三）圆环性思维方式

"圆环性"即"圆道"观念,亦是中国传统思维方式之一。老子早在《道德经》中,就揭示了"道"的"周行而不殆"的"循环往复"运动的规律。《周易·说卦》明确提出"乾为天,为圆的观点","圜"即"圆"。《易泰·九三》卦爻辞出现"无往不复"的记载。圆道观点即圆环性思维成为《易》理的基本内容所在。此外如《吕氏春秋·圜道篇》对圜道观念也有具体的阐释。《文心雕龙·宗经第三》也指出:"百家腾跃,终入环内。"受这种思维方式影响,古代小说文体追求大团圆结局和圆形框架,散文结构注重"起承转合""首尾呼应",诗歌语言多回环反复。回文辞格就建立在圆环性思维的基础上,突显回环往复之趣,其特点是既可顺读,又可倒读,无论顺读、倒读都能成诗。回文与圆的形式关系异常密切:图形回文往往能排成圆形,如回文铭、回文箴、反复体回文诗等;回文诗由于回读后能形成对称,因此实际上也能形成圆形。例如,把回文诗顺读排成半圆形,那么回读后与顺读成为对称的就是另一个半圆形,两者自然形成一个圆形。我国最早出现的晋代苏伯玉妻的《盘中诗》,据《回文类聚》记载,就是圆形的。再以顶真辞格为例,"顶真连环体的'魅力',主要体现在'上递下接趣味',即'蝉联的类聚'上。顶真连环体能产生'历历如贯珠'的修辞效果,有的还能使语段结构产生圆形美。"可见顶真与"圆形性思维"也关系密切。

三、文体（语体）的发展对汉语辞格审美演进的促进

（一）文体（语体）的发展与辞格审美

辞格审美的发展变化与文体（语体）的发展密切相关。以引用辞格中的散文为例。先秦时期,在以论说为主的诸子散文中,引圣贤权威的话较多,目的多为"论立言,断行事",因而其审美以庄严美为主。至唐宋时期散文体发生变化,除议论文以外,传记、游记、抒情等融情、景、议论为一体的抒情散文,引用面更广,其目的更注重于抒情,典雅美在引用审美中占据了主流位置。到了现当代,政论、法律、公文成为独立语体,引用使用频率高,受众广泛,庄严美、明晰美的比例很高。古代文体发展过程中,还出现了骈体文。魏晋南北朝的骈体文"以博雅见长""以数典为工",引用的目的是促使文章委婉、含蓄、雅致、精练,凸显典雅美。唐宋以降的骈体文发展虽呈下降趋势,但其审美特色依旧。

再以排比辞格的诗歌体为例，先秦时《诗经》大量运用排比，因重章叠唱而形成优美的旋律，展现了排比的整齐美、音乐美。魏晋六朝的乐府诗和古体诗排比数量虽不多，但清新活泼，叙事诗中的排比增添了语言的流畅美。唐宋格律诗对格律要求严格，大大束缚了排比的发展，因此排比在格律诗中颇为少见。到了现代，白话诗诗体灵活自由，排比有了迅捷发展的土壤，因而运用广泛，类型丰富，呈现出多样的美。总而言之，在漫长的历史过程中，诗歌排比完成了从自由到格律，然后又从格律发展到自由的变迁，在审美特色方面也发生了很大的变化。

再来看引用辞格的小说体，《世说新语》是魏晋南北朝时期的以言谈、轶事为主的笔记体短篇小说，典雅美是其最主要的审美，这主要因为其受众大多数都为知识阶层。到了唐宋时期的传奇小说，典雅美仍然是其主要的审美，并且对于诗词引用得比较多；而话本因为主要受众是市民，则主要引用俗语和谚语，以通俗美为主要的审美。而在现当代的武侠小说中，在使用引用时，会因为目的的不同，而呈现出不同的审美。由此可知，审美会随着文体的改变而改变。

（二）文体（语体）多样化与辞格审美

古往今来，文体（语体）发展种类越趋多样，辞格审美亦随之更趋多姿多彩。以比喻辞格为例，先秦诗歌体以四言为主，喻体结构简约。例如，《卫风·伯兮》中的"自伯之东，首如飞蓬"呈现的是简洁美。到了元明清时期，小说、戏曲占据主流位置。例如，《老残游记》中对王小玉唱腔描绘时，用了一个长长的语段作为喻体："声音初不甚大，只觉入耳有说不出来的妙境：五脏六腑里，像熨斗熨过，无一处不伏贴；三万六千个毛孔，像吃了人参果，无一个毛孔不畅快。唱了十数句之后……忽然拔了一个尖儿，像一线钢丝抛入天际……"接下来还有更细致的描绘，比喻兼夸张，通俗、新颖兼具繁丰美。戏曲中如元代关汉卿《不伏老》"我是个蒸不烂、煮不熟、捶不匾、炒不爆、响珰珰一粒铜豌豆"呈现的美与上例有异曲同工之妙。

到了现当代，比喻在政论、论辩、演讲、通俗科普、广播新闻、广告、相声小品、网络歌词以及各种文艺语体中，有着较为广泛的运用，其审美也五花八门，各擅胜场，令人目不暇接。再看引用辞格，先秦时只有诗歌、散文两种体式，以后逐代涌现了赋、骈文、小说、词、曲，直到现当代又发展到政论、法律、公文、科技文、演讲、论辩、广播、广告、网络、对联等语体，即使是文艺语体也扩大到相声、小品、影视等。其审美也从以庄严美、典雅美为主，发展到含蓄、简洁、通俗明晰、诙谐等多种美交替呈现，可谓琳琅满目。复辞

辞格亦复如此。随着文体越来越增加，带来的审美也更加多样，尤其是在新兴语体如新闻、广告、网络文、对联中多有应用，审美特色也琳琅满目。再如狭义的回文，进入现当代后，由于撰写的难度等因素，一度有衰落之势；而网络体的兴起，为一些爱好者提供了一个新的载体平台，回文的回环往复美得到了更多受众的喜爱。

（三）现当代白话文语境为辞格审美的发展创造了有利条件

"五四"以后，尤其新中国成立以后，汉语发生了更大的变化，白话文取代了文言文占据了主流地位，同时，"白话文已经不仅仅作为交流工具，更是作为文学的载体即审美形态而存在"。以排比辞格为例，在用白话文写作的散文、诗歌、小说、戏剧中，出现了不少新兴的句式，如欧化句式排比、长排比、无标点符号排比以及排比的套用等，语段排比形式多样化。政论、法律、公文、演讲等语体中，语段排比也使用普遍，排比在广告、歌词、手机短信中运用较多。多种语体呈现了各具特色的整齐美、气势美、音乐美及典雅、变化等多种美质。再看夸张辞格，由于从文艺语体中的广为运用扩大到政论、广告、手机短信、通俗科技文等语体，其审美呈现了多元融合的特点。以上是以公认的建立多年的老辞格为例的。再如新建辞格，吴士文于 19 世纪 90 年代增建"移时"辞格，其定义即"故意把现代的事物用于古代"。复旦大学张世禄教授于 19 世纪 60年代讲《古代汉语》课时所用的新辞格就是"移时"。他讲《有为神农之言者许行》章。讲到许行穿的、戴的、用的都是"以粟易之"时，说："许行忙碌得很哪，今天赶市场，明天到百货公司，后天又到工厂加工订货……"讲得大家都哈哈大笑起来。移时格的特点是将古人千百年前的言行"现代化"，即用当代的白话文去表述古人的言行，由于文言、白话在语法、词语运用上迥然有别，差异明显，让古人站出来用白话文表达，这种时空错位的不协调，幽默风趣的调侃式效果，会陡然而生，令人忍俊不禁，凸显了滑稽幽默美。

四、文学的演进对汉语辞格审美的作用

（一）以意境为核心的诗化文学推动了辞格审美的多样化发展

纵观中国古代，诗歌同社会生活之间存在着十分密切的联系，将中国古代称为"诗的国家"都不为过。中国文学本身具有的诗化性格主要通过以下两点表现出来。

第一，在文学发展的历史长河中，以诗歌为代表的韵文，一直占据主流地位。

从三千多年前问世的《诗经》开始，楚辞、汉赋、唐诗、宋词、元曲各领风骚。正如王国维在《宋元戏剧考·序》中所说："一代有一代之文学。"这么多"一代之文学"，其共同的特点都是通过一个个绚丽多姿的意象的描绘，营造出充满审美情趣的诗化意境。

　　第二，即使是小说、戏剧等非韵文的文体，也体现出对诗化的追求。进行小说、戏剧写作的作家不止会受到诗歌艺术的深刻影响，而且极有可能他本身就是一名诗人。同时，小说的首篇以及末篇都会有诗或者有词，正文之中通常也会穿插很多诗词。戏剧人物的唱词通常都充满了诗意，十分优美雅致。从这一切意象、意境以及诗化语言的构造之中，总是能够看出各种辞格的影子，它们所呈现出来的美质品种繁多且各具特色。例如，《诗经·周南·桃夭》中的句子："桃之夭夭，灼灼其华。之子于归，宜其室家。"前两句既是起兴，又通过描绘鲜艳灿烂的桃花，暗喻新娘的貌美，同时用了叠字手法。关于楚辞，刘勰《文心雕龙·辨骚》特别指出了"《招魂》《大招》，耀艳而深华"的"艳"的特色，认为楚辞在创造艳丽风格和奇幻的意象组合方面，独领风骚。关于汉赋，《文心雕龙·诠赋》揭示"立赋之大体"为"丽词雅义，符采相胜，如组织之品朱紫，画绘之著玄黄"，认为"赋者，铺也"，"铺采摛文"是其特色，在对"丽词雅义"的铺陈中，离不开比、兴及其他多种辞格的构建。再如唐诗中李白《将进酒》中的诗句"君不见黄河之水天上来，奔流到海不复回；君不见高堂明镜悲白发，朝如青丝暮成雪"以离奇的想象，出色地运用了夸张、比喻、复辞、示现等手法，创造出纵横变幻的意境，突显出豪放浪漫的诗风，博得了杜甫在《寄李太白二十韵》中"笔落惊风雨，诗成泣鬼神"的赞叹。所有这些，尽管时代相隔，文体有别，作品主旨各异，创造出的意象、意境差异很大，调动的辞格也多种多样，但作品显示出的审美特色却多姿多彩，魅力之浓郁，历经千古而不衰，其中出色运用辞格导致的美质充分展现，功莫大焉。

（二）以小说、戏剧等为代表的"俗文学"促进了辞格审美的演进

　　宋元以来，随着商品经济的发展，市民阶层的壮大，小说、戏剧等"俗文学"逐渐占据重要位置。郑振铎在《中国俗文学史》中指出："'俗文学'就是通俗的文学，就是民间的文学，也就是大众的文学……就是不登大雅之堂，不为学士大夫所重视而流行于民间，成为大众所嗜好，所喜悦的东西。"以引用辞格为例，元明清时期，由于白话小说备受市民的喜爱，引用的通俗美稳稳地成为"繁多统一"美中起主导作用的美。在明引、暗引、化用、博用等类别

里，俗语谚语的引用深受重视，不少作者还通过引用俗语谚语而构成对偶，"俗语入文"开始成为小说语言通俗化的重要手段。而戏曲体中，引用的通俗美与典雅美一起，也成为"繁多统一"中的主导美，唱词频频暗引俗语谚语或《千字文》等，凸显通俗美。其他，如在明清的小说中，使用比喻的时候，喻体都是比较通俗易懂的。在元明清的散曲当中，对对偶辞格的表达经常是口语化的，也会采用方言俚语，以求能够达到直白通俗的效果。

发展到了现当代，通俗明晰美已经不仅仅是在文艺语体中有突出的表现了，它还连同庄严美一同变成了能够在许多文体中发挥主导作用的美，如政论、公文、法律条文等文体，并且其还被广泛地使用在演讲、论辩以及广告等文体之中。总而言之，许多辞格在"俗文学"的推动下，让通俗明晰美有了较大的发展，这是历史上前所未有的景象。

五、古今修辞批评对辞格审美的推动

汉语修辞批评历史悠久，从先秦诸子有关论述开始，历时两千多年，持久不衰，内容丰富。以下择要论析。

（一）源远流长，零珠碎玉

早在先秦时期，孔子、墨子、荀子均论及比喻，墨子《小取》还对其下了著名定义："辟也者，举他物而以明之也。"孟子、庄子论及夸饰，庄子还论及"重言"（引用），墨子论及"侔"（对偶辞格的源头），老子论及"正言若反"（后来成为映衬辞格中的一类），孟子论及"言近而旨远"（委婉辞格的滥觞）。论述虽均为零珠碎玉，但言简意赅，对后世影响深远。

（二）不同文体均有专书论及多种辞格

早在梁代，刘勰《文心雕龙》就论及诗、文、赋等多种文体中的一批修辞手法，如丽辞（对偶）、比兴、夸饰、事类（用事，即引用）、隐秀（委婉、警策）等（古代均未对它们冠以"辞格"之名，直到现代才正名）。可贵的是，对这几个辞格的论述，一是已不再是"零珠碎玉"式的评论，已发展至专章。二是均论及修辞效果，例如，比喻有"敷华""惊听"的作用；夸饰具有"发蕴而飞滞，披瞽而骇聋"的强烈感染力等。所有这些，均给后代辞格审美探讨，起了先导作用。此后，历代涌现了不同专书，专论不同文体的一批辞格。例如，唐代王昌龄《诗格》《诗中密旨》论诗歌中的比兴、对偶、用事、叠语（复叠辞格的早期形态）、"藏锋体"（委婉辞格）等。唐代刘知几《史通》论史学

著作中如何正确运用丽辞（对偶）、夸张、"晦"（委婉）、避讳等。宋代陈
骙《文则》论文章、文论著作中的众多辞格，如比喻、"援引"（引用）、倒
语及前人未曾提到的辞格，如"继踵"（现代称为"层递"）、"交错"（现
代称为"复叠"）、"同目"（现代称为"反复"）、"数句用同一类字"（即
"排比"）、"答问"（现代"设问"为其一部分），同时对析字、对偶、仿
拟、反语、复辞等均有涉及。其继承刘勰传统，也时而论及有些辞格的作用，
如层递"上下相接，若继踵然"，排比的"壮文势，广文义"，以及先秦散文
中复辞"主在析理"的效果等。明代王骥德《曲律》列专节论用事、"巧体"（含
镶嵌、离合、析字的一部分）、对偶等。这些论析，对辞格审美均启示良多。

（三）几种常用辞格历代均有代表性人物论及

以比喻作为例子，从古至今，历代的评论者都十分关注比喻这种辞格，对
其的论述也十分丰富。冯广艺的《汉语比喻研究史》，一共分了九章对比喻理
论进行了梳理，从先秦开始，涉及各个时期的比喻理论。其中有一章是专门对
现代的比喻理论进行讲述的，有三章是对当代比喻理论进行讲述的，对与比喻
相关的研究进行了总结，因此受到了学者的欢迎。许多与修辞史相关的专著，
分别在不同的历史时期，对与对偶、夸张以及用事（也就是引用）等相关的理
论进行梳理，有的是专门对这些理论进行论述，有的则是在对文学以及修辞现
象进行分析的时候有所涉及，大概的内容都是对这些辞格的定义、分类、使用
原则以及不当使用的批评，理所当然的，也包含对成功使用的赞扬。大多数的
内容都比较简短，依据事物本身的情况进行论述的比较少，比较欠缺系统性，
但是还是有许多真知灼见的。

宗廷虎、陈光磊主编的《中国修辞史》，曾列专题对引用历代代表性人物
的重要论点的情况进行了梳理，所有这些，都对引用审美发展有一定启示。此
书引用一章重点收集了以往很少论及的一批引用理论，如宋代开始的"求新求
雅"论，提倡俗语入诗，赞"反用"等，这些论述，对引用讲究新颖美、典雅美、
通俗美等，均有促进作用。

（四）现当代修辞理论、辞格审美理论的发展

现当代与辞格有关的修辞理论的发展有两点值得重视，就是"美辞说"和
"修辞学是一门边缘学科说"的相继问世。1923 年，受西方修辞学影响的唐钺
《修辞格》出版，这是我国第一本专以修辞格为名的修辞学专著。1924 年，陈
望道发表《修辞学在中国的使命》，认为"修辞学是研究文章上美地发表思想
感情的学问"。1926 年与 1931 年，明显带有日本修辞学家岛村抱月《新美辞学》

烙印的王易的《修辞学》《修辞学通诠》相继诞生。前者指出"修辞学一名美辞学,因其讲述修饰辞句而使增其美之理论也",认为修辞学"属于美学范畴",后者亦认为"修辞学者,乃研究之所以成美之学"。1963 年,张弓在《现代汉语修辞学》中,给"修辞"下定义时,提出"美化语言"说。谭永祥 1992 年的《汉语修辞美学》认为"辞格是富有表现力的、在形式或意义上具有一定规律性的言语美学现象"。可见,"美辞说"已流行了几十年。

与此同时,陈望道在多年研究的基础上,于 1961 年正式提出了"边缘学科"说:"修辞学介于语言、文学之间。它与许多学科关系密切,它是一门边缘学科。"其实,早在 1921 年,他就相继发表了《文章底美质》(《新青年》第 9 卷第 1 号)、《官能底交错》(后人称为"通感",刊《民国日报·觉悟》1921 年 6 月 10 日),1926 年又出版《美学概论》,对具有"整齐变化美"的反复、复叠、对偶、排比、错综等辞格做了探讨,对能"唤起具体影像""激起听读者美感"的夸张、讽喻、示现、官能的交错,以及"具有联想内容"的譬喻、借代、双关、藏词等辞格进行了论析。这是我们看到的美学著作中最早探讨辞格审美的论述。所有这些,已一再揭示了修辞学与美学之间的密切联系。

1984 年,宗廷虎在研究陈望道及其他现代修辞学家学术思想的基础上,提出修辞学作为边缘学科,范围可以进一步拓宽的观点,并发表了论修辞学的哲学基础,论修辞学与美学、文学、语言学、心理学、文章学、形式逻辑关系的系列论文五篇。其中专论修辞学与美学关系的就有两篇,认为修辞学"介于多种学科之间",除了语言学、文学外,还包括心理学、美学等。并认为修辞现象中除包括语言因素外,还包括心理、审美等因素。20 世纪 80 年代开始,修辞学专著中不断涌现探讨"修辞格的美学基础""修辞格的心理基础"的专节,如吴士文《修辞格论析》、王培基《修辞学专题研究》等。

与此同时,邻近学科学者对辞格探讨的重视也令人注目。如邱明正《审美心理学》从美学、心理学角度列专节探讨了"审美通感"问题,包括通感的生理机制、心理基础,通感与审美经验、联想、想象的关系,通感具有的关联性、传递性、转折性、多重性、幻觉性等一系列特征。该书还探讨了通感的审美功能,认为通感不仅能"通过局部感知,把握整体",提高"虚中见实,实中见虚"的审美能力,而且"是艺术创作中进行形容、比喻、借代、象征,提高表现力、感染力的心理基础"。美学专著重视辞格探讨,更进一步地促进了通感研究的深入。

由于古今辞格批评,特别是现当代多种学科理论的促进,进入 21 世纪之后,多本修辞学专著中探索辞格审美的分量大为加强。例如,宗廷虎、陈光磊主编的《中国修辞史》中、下卷，较为详细地探讨了镶嵌、顶真、回文等辞格呈现的多种美质。又如，杨荣祥编著的《汉语修辞格文化特征论析》，重点探讨了11 个辞格的审美思维、美学特征、审美情趣等课题。审美，正成为辞格探讨中的一个重要方面。

第四节　现代汉语修辞的教学

一、汉语修辞教学的目的

关于修辞的定义有很多，黄伯荣、廖序东在《现代汉语》中提出："通常情况下，总是把修辞理解为对语言的修饰和调整，即对语言进行综合的艺术加工。在内容和语境确定的情况下，修辞总是着力探讨下列三个问题，即选用什么样的语言材料、采取什么样的修辞方式、追求什么样的表达效果。"

修辞部分讲述修辞和语境，修辞同语音、词汇、语法的关系，锤炼词语、调整句式的方法，常用修辞格、修辞中常出现的问题，语体等。讲授的目的是使学生注意选词炼句，恰当运用修辞手法，掌握综合运用语言的原则、方法和规律，不断提高口头和书面表达能力，逐步达到准确、鲜明、生动、精练、得体的要求。由此可见，修辞是对语言的加工，力求取得好的表达效果。修辞同语境的关系密切，因此，在修辞教学过程中，语境的教学内容必不可少。修辞同语言的三要素，即语音、语汇、语法的关系也非常密切，要在掌握基本的语音、语汇、语法知识的基础上才能进一步学习好修辞知识。修辞格是修辞教学中的一个重要内容。通过对修辞知识的学习，学生的口头表达能力和书面表达能力都能得到提高，从而提高运用语文的能力。

二、汉语修辞教学中存在的问题

尽管已经对修辞教学的目的进行了确定，但是在现实中进行教学的时候还是会有一些问题产生，相对来说有三点是较为突出的，具体如下所示。

第一，更加注重与修辞格相关的教学，反而忽略了其他的与修辞相关的内容的教学。修辞格是积极的修辞，在教学的过程中，受重视的程度比较高，学生对其的兴趣也比较大。以此在进行教学的时候，会更加注重对修辞格的教学，对消极修辞的重视程度就比较低。

第二，模式化，只重视对个别有代表性例子的分析。大学授课课时有限，教师普遍侧重讲解有代表性的实例，对学生的要求也是必须掌握书中的例子，而很少去拓展其他事例，尤其是生活中遇到的鲜活的例子。但语言是交际的工具，在不断地发生着变化。修辞教学要使学生在掌握理论知识和经典实例的基础上，学会解释生活中遇到的修辞现象，学以致用。

第三，缺乏对修辞与传统文化关系的分析，文化底蕴不够。不管是积极修辞还是消极修辞，都体现了中国传统文化某方面的特质，我们应把传统文化的内容渗透到修辞知识的教学中，挖掘修辞的传统文化内涵，使修辞知识的学习更加深入，更具民族性。

三、汉语修辞教学的途径

（一）强调消极修辞知识的教学

修辞包括消极修辞和积极修辞两方面。陈望道在《修辞学发凡》中提出了"修辞和语辞使用的三境界"，即"记述的境界""表现的境界"和"糅合的境界"。"记述的境界"是"以记述事物的条理为目的"的，使用的常常是消极的手法。消极修辞的特征是：性质是记述的，内容是客观概念，目的只在使对方懂得。正因为消极修辞有这样的特征，所以其必须重理知、贵理解，对语言文字的要求必然是平实清真。

1. 词汇与消极修辞

从词汇的角度来说，词语的锤炼就属于消极修辞的研究内容。"词语的锤炼，古人叫作'炼字'，锤炼的目的，在于寻求恰当的词语，使语句的表达更加完美，即不仅要求词语用得准确，还要求词语用得得体。"词语的锤炼还包括同义词的选择。汉语中有很多同义词，包括等义词和近义词两种类型，同义词存在着细微的差别，这些差别包括理性意义方面的差别、色彩方面的差别以及词性方面的差别。

2. 语法与消极修辞

消极修辞要求语法准确无误，这就要求教师在授课过程中准确讲解语法知识，使学生准确掌握词的语法分类、句法成分等知识。在语法单位中，词是造句单位，在语法中的地位非常重要。

另外，还要重视同义句式的选择。汉语中的同义句式有：长句和短句、整句和散句、常式句和变式句、主动句和被动句、肯定句和否定句。选择句式主要根据上下文语境、表达的目的和表达的内容以及句式的修辞功能。我们应引导学生根据语境恰当选择句式。

（二）强调修辞知识的运用，能够解决实际问题

学习理论知识的目的是提高解决实际问题的能力。修辞教学讲理论、讲实例，教师讲的时候学生表示很理解，尤其是一些例子，好多学生都能背下来。但一做习题，或者遇到生活中的修辞现象，学生就很没自信，抓不住重点，这在学生写的论文中就能看出来。究其原因，学生做的练习还是较少，教师应该利用课余时间，通过其他方式来拓展练习。

（三）强调修辞与传统文化的关系，发展传统文化

语言是文化的镜子，语言是一定民族的精神创造活动的结果，是人所建立的蕴含着人的全部精神创造的关于特质世界的镜像，传承历史离不开语言。修辞是对语言的加工和调整，我们可以从修辞中探求传统文化。文化对语言的影响是巨大的。汉民族的共同心理、思维方式、审美情趣、风俗习惯等，无不对汉语产生影响。不管是消极修辞还是积极修辞，都体现了中国传统文化某方面的特质。

第七章　汉语课堂教学与评估
——以对外汉语为例

作为一项事业，经过多年的努力，对外汉语教学取得了重大进展，但作为一门学科，对外汉语教学的确还处在一个发展阶段。这是因为对外汉语教学至今还缺乏系统而深厚的理论基础——一门学科赖以存在的支柱。今天的对外汉语教学事业向我们广大的语言教师和研究人员提出了一项紧迫的任务，这就是大力开展对外汉语教学的理论研究。本章专门提出开展课堂教学活动的研究，是因为课堂教学是教授语言的主要阵地。在总体设计、教材编写、课堂教学和测试这四大环节中，课堂教学是中心环节，其他环节都必须为课堂教学服务。课堂教学活动也是我们对于语言规律、语言学习规律和语言教学规律认识的集中体现。本章主要分为课堂教学活动研究概说、课堂教学结构分析、对外汉语课堂教学的测试与评估三部分，主要内容包括开展课堂教学活动研究的必然性和必要性、课堂教学以及分析样本、测试的性质和特点等。

第一节　课堂教学活动研究概说

一、开展课堂教学活动研究的必然性和必要性

开展课堂教学活动的研究可以说是世界范围内第二语言教学研究发展的必然。这一点从西欧和北美语言教学的历史看似乎更清楚。

听说法以其第二次世界大战期间在美军语言训练中的成功，以及语言学和心理学的基础，在战后曾一度颇具影响。与此同时，随着语言教学技术手段和方法的不断创新，产生了一些新的教学法。为了对这些方法进行评价，研究人

员和语言教师便开展了一些比较实验，将各种教学法在不同的课堂上加以试行，经过一段时间（通常为两年），再比较各种方法产生的结果。令人失望的是，其结果显示，各种方法产生的教学效果很少甚至没有什么不同。产生这种结果的原因是多方面的，而对于研究人员来说，要分析这些原因，一个根本的问题是他们未能把这些教学法在课堂上的实际情况记录下来。

目前西欧、北美的第二语言／外语教学的总趋势是对语言教学的各个方面进行扎实的调查分析，而较少空谈教学法。建立对外汉语教学这门新学科，我们必须从现在起加强基础理论研究。可以把课堂教学活动的研究作为一个突破口，逐渐向外延伸。

二、第二语言课堂教学活动研究的主要方面

在讨论课堂语言教学活动研究时有必要先区别两种课堂，即第二语言课堂和外语课堂。第二语言课堂是指这种课堂的大背景是目标语社团，学生走出这种课堂仍处在这种语言的环境之中，如中国的汉语课堂、美国的英语课堂、日本的日语课堂等。外语课堂指的是这种课堂的大背景是非目标语社团（往往是母语社团），学生走出这种语言课堂便离开了这种语言环境，如中国的英语课堂、美国的日语课堂、日本的汉语课堂等。这种背景对语言课堂的影响是不能低估的，因此在调查语言的课堂教学活动时必须充分注意这二者的差别。目前课堂语言教学活动研究主要集中在第二语言课堂

第二语言课堂教学活动的内容非常广泛，研究的题目几乎是无穷无尽的，当前研究工作者和语言教师的兴趣集中在以下几个方面。

（一）教师的言语

教师的言语指的是教师在课堂上所说的话。大家之所以对教师的言语感兴趣，与克拉申提出的颇有影响的"输入假说"的理论有关。一个人要学习一种语言如果没有这种语言的输入是不可能的，最能说明问题的例子是狼孩和猪孩。这些孩子虽然具有普通人的学习语言的大脑机制，但由于他们没有语言环境，没有接受到任何语言输入，所以在他们进入人的世界之前始终不会说人类的语言。因此语言输入是习得一种语言的必要条件。课堂语言教学和课外语言自然习得的一个很重要的差别就在于语言输入的不同。学习者课堂外接收到的语言输入是来自多方面的，是零乱的；而课堂内接收到的语言输入则主要是教师的言语。克拉申认为，对于学习者来说，只有可理解的语言输入才能对他有帮助。课外的语言输入是难以做到这一点的。教师的主要任务之一就在于为学生提供

在课外难以得到的语言输入。至于课堂内所传授的语言知识如语法规则的作用，克拉申的解释是并不是这些语法规则本身帮助学生提高了他们的语言水平，而是讲授这些规则的过程（即学生要听懂教师的讲解和记笔记等）促使他们吸收了大量的可理解性输入，从而提高了语言水平。

克拉申提出的理论引发了巨大的争论，也正是因为这样人们开始关注起了教师在课堂上使用的语言。如今，对教师语言进行调查的时候，最常见的问题有：教师在课堂上使用的语言与其在课后说的本民族语言之间存在哪些不同？课后其他的说本民族语言的人和其他国家学生说的语言与课堂上教师所说的语言存在哪些不同？假如教师提供的语言一定是学生可以理解的，那么是哪些原因让教师的语言可以让语言水平不同的学生都能理解？为了把这些问题弄清楚，研究者们围绕着教师语言进行了相关的调查，比如教师语言的语速、句式的选择与运用等，尝试着以这些调查得出的结果为依据，弄明白教师的语言对学生语言水平的影响。但是直到现在还没有得到令人满意的结论。

（二）学习者的行为

在调查学习者的课堂行为时有一个基本的指导思想，这就是课堂上学习者不是被动的而是主动的。在语言教学活动中学习者对教师提供的输入不是像海绵似的全部吸收，而是有选择地吸收。换句话说，教师提供的"输入"不等于学习者的"纳入"。与这一问题相关的是学习者的有意识注意与无意识注意的作用。下面是笔者课堂上记录下来的例子。

学生1：我生日的时候很多人给我带来礼物。

教师：我生日的时候很多人给我带来了礼物。

（加进了一个"了"字）

学生2：开学的时候老师给我们带来新书。

教师：开学的时候老师给我们带来了新书。

（加进了一个"了"字）

学生3：进步给农民带来了提高的工资。

学生4：这篇课文给我们带来了许多麻烦。

学生5：京剧给我们带来了头疼。

上例中，学生1和学生2的句子中均缺少一个必须有的时态助词"了"，教师没有明确指出，而是在重复学生的句子时补充进去了。值得注意的是，教师这么两次补充后，接下去后面的几个句子学生都自觉地用上了"了"字，尽管有的句子有其他毛病。不是前面两个学生不会用"了"而后面的一些学生会用，

而是后面的学生从教师的修正中得到了启发。这说明学生在不断地比较教师和学生的言语。那么这种比较是有意识的还是无意识的？这个例子后面所隐藏的东西是值得思考的。

自 20 世纪 70 年代以来，学习者在第二语言习得中的地位越来越受到重视。当前研究者们对学习者课堂上的行为的调查集中在以下方面：他们的语言产物，即他们说出的话引发输入，通过打开话题和提问从对方获得所需的语言输入；同其他学习者的相互交谈；学习者的学习策略等。其目的是要回答以下问题：课堂上学习者有哪些行为特点？是哪些因素在影响学习者的课堂行为？这些行为与学习的结果有怎样的关系？所有这些问题目前仍处在调查研究之中。

（三）教师与学生的相互应对

课堂内教师与学生、学生与学生的相互应对一直是课堂语言教学研究的重点对象。这是因为在课堂教学活动中教师并不是一统天下的，学习者的参与占有重要的位置。课堂教学过程在某种意义上是教师与学生为完成预定的项目的互相协商过程。许多研究者和教师认为，教师和学生之间的交谈为学习者分解目标语结构、检验他们对目标语所做的假设、将目标语结构变成自己的言语，以及得到有用的反馈提供了最好的机会。现在这方面的研究比较集中在教师的课堂提问、角色轮换、课堂的反馈等方面。

教师提问在课堂上一般都使用得很频繁，这是课堂上常见的"教师提问—学生回答—教师评价"小循环的第一环，其目的在于引起学生的注意，或是促使学生做出言语反应。角色轮换指的是交际过程中说话的角色由一个说话者转为另一个说话者。角色轮换的调查可以为我们了解学习者的个性特点和文化背景对语言学习的影响提供许多有价值的材料。反馈包括教师对学生问题的反馈、学生对教师问题的反馈，在这方面研究得最多的是所谓教师的纠错。

事实上，课堂教学的全过程就是教学和学生以及学生与学生之间相互产生作用的过程，这包含的范围非常广泛。因此，到目前为止，与之相关的研究依旧是不系统以及不全面的。

三、第二语言课堂教学活动研究的研究方法

第二语言习得研究是一个跨学科的领域，它涉及语言学、心理学、教育学、人类学等多种学科。由于这个领域自身的复杂性，由于研究人员的研究目的和对象的不同，其研究方法也是多种多样的。不过研究方法概括起来可以分为三类：定性研究、实验研究和描写研究。

所谓定性研究，是一种自然的、不加控制的、启发式的研究，而不是演绎式的研究。换句话说，进行定性研究时研究人员对被研究对象事先没有什么假设，研究的目的就是尽可能全面、客观地观察研究对象，在观察的基础上提出假设，因此观察是其主要手段。与之相反，实验研究则旨在论证假设，因此定量分析是其主要手段。而描写研究则介于定性研究与实验研究之间，它既可用于提出假设也可用于论证假设。

如前所述，当前第二语言课堂教学活动研究的目的就是对课堂上教师是怎么教的、学生是怎么学的、教师和学生是如何完成课堂教学任务的，也就是对课堂教学活动的全过程，做尽可能全面的观察与描写，因此这一领域的研究方法主要是定性研究，现在用得比较多的是观察法和内省法。

①观察法。这一方法要求研究人员对课堂活动做客观的观察记录。研究人员当然可以借助录音和录像来帮助完成这一任务。不过录音、录像必须转写成文字材料后才便于分析。因此课堂观察的一个关键问题是如何保证其文字记录真实地反映课堂活动的进行情况，如何保证记录手段的一致性以利于对不同的课堂活动进行比较分析。在已有的第二语言课堂教学活动的研究中，研究人员在对课堂上教师—学生、学生—学生的相互应对进行观察时对记录手段做了许多尝试，他们提出了不少"范畴系统"作为记录的规范，但直到今天仍然没有一套较理想的规范。课堂观察的另一个难点是如何避免观察者的主观性和片面性，以保证观察记录的可靠性和有效性。为了做到这一点，有学者借用人种学方法论的术语提出了"三角测量法"。顾名思义，此法的要点在于对观察记录做多角度的验证，比如将录音/录像放给授课教师、学生或其他研究人员听/看，然后把他们的意见同原记录进行比较，这样可以增强观察记录的可靠性。

②内省法。观察法通常只能记录我们所能看到的现象，而课堂上教师和学生当时的感受和想法我们是难以观察到的。为了弥补这一不足，研究人员又采用了内省的方法。这种方法就是通过与教师或学生面谈或向他们进行问卷调查去了解他们的感受。最近几年来，日记式研究作为一种内省的手段比较受人青睐。这种研究就是记日记者（教师或学生）课后将他们课堂上的感受和想法记录下来作为研究资料，在此基础上进行分析研究。

直到现在，在对第二语言课堂教学活动进行研究时，所采用的研究方法大多数来自语言学、人类学、社会学以及心理学等学科。但是因为这些学科本身都有自己要进行研究的研究对象，还因为语言调查本身的独特性，即语言不仅是授课时所要使用的媒介也是授课的内容，所以这些学科使用的研究方法不能让第二语言课堂教学活动研究的需要得到满足。找出能够满足第二语言课堂教学活动研究需要的研究方法也是现在急需解决的重要课题。

四、开展对外汉语课堂教学活动研究的一些设想

就所能接触到的资料来看，还没有见到我国对对外汉语课堂教学活动进行系统的调查研究。鉴于国外在这个领域已有很多年的历史，同时鉴于不同语种的课堂教学活动有其共同的地方，我们的第一步工作应是对现有的第二语言课堂教学活动的研究成果进行一番梳理，特别是对其理论基础、研究方法进行认真分析，弄清各自的长处与短处，以使我们的研究建立在较高的起点上，避免走前人走过的弯路。

第二步工作是制订周密的课题计划。当前第二语言课堂教学活动的研究主要采用定性研究，这种研究通常要有一个过程，既需要一定的时间，也需要一定的经费，因此要保证研究工作取得满意的结果，一个周密的计划就显得十分重要。这个计划首先必须根据人力和物力确定好课题范围和时间跨度，例如，是观察一个班还是几个班，是一个学期还是一个学年，等等。其次是确定研究对象。虽然从理论上讲课堂教学活动的定性研究是尽可能全面地观察描写课堂活动，但实际上由于课堂教学的复杂性，我们不可能一次性地把课堂活动全都记录下来，因此每次观察必须有具体的对象，如重点是教师还是学生，还是教师与学生的相互影响等，对这一具体对象我们要尽可能地观察记录。在确定研究对象时还必须考虑到课型是精读课堂、口语课堂还是阅读课堂。课题计划者心中应该明确：对于授课教师来说，不同的课型是彼此分开的；而对于学习者来说，它们是有机结合的。我们虽然很难同时观察记录所有这些课型的课堂活动，但是一旦我们讨论课堂教学活动对学生语言水平的影响时，就必须充分考虑到不同课型所起的作用以及它们之间的相互联系。这方面的研究反过来可以论证我们的课型设置是否科学。最后是确定研究手段。这一点最关键也最困难，其难点就在于如何保证观察记录手段的一致性。也就是说，甲用于观察记录 A 课堂的手段与用于观察记录 B 课堂的手段必须是一致的，这样 A 课堂与 B 课堂的观察结果才可以进行比较。同时还要保证乙的记录手段同甲的记录手段一致，这样甲、乙的观察结果才具有可比性。这些正是第二语言课堂教学研究亟待解决而还未能解决的难题。

第三步工作是试行计划。对于一个费时又费力的课题来说，试行阶段对于避免课题中途受挫必不可少。试行阶段的主要目的是检验计划的可行性。除了检验计划的规模是否恰当、目标是否合理外，还要通过试行培训研究人员，寻求可靠又可行的研究手段。也就是说，要通过对课堂教学活动的实际观察，使课题组成员在观察的角度、记录的方式以及有关的标准上达到尽可能的一致，这才有利于观察结果的比较分析。根据计划试行的情况，对原计划做出修订，如有必要，修改后的计划还可以进一步试行。

第四步工作是实施课题。一旦课题计划经过试行确定后，研究工作便转入实施阶段。尽管我们在这之前对课题计划进行过试行，但是在实施过程中，仍会出现一些事先没想到的情况，这就需要我们在课题进行的过程中不断地总结，并根据新的情况对原计划做必要的调整，从而保证课题取得预期的效果。

对于对外汉语教学学科理论的建设来说，对对外汉语教学课堂的教学活动进行研究是其非常重要的内容，拥有着十分广阔的发展前景。由于对课堂教学活动进行研究的时候，其涉及的内容与许多其他的学科相关，如语言学、教育学、心理学以及社会学等，因此，通过对其研究得到的研究成果不仅对语言教学自身有着十分重要且直接的意义，还能够为以上提到的学科提供有价值的、能够促进其自身建设的研究材料。所以，这一领域是十分重要的，值得我们对其进行深入研究。

第二节 课堂教学结构分析

一、课堂教学以及分析样本

（一）课堂教学的概念

对外汉语教学中的课堂教学，与其他外语教学或第二语言教学中的课堂教学一样，是为培养学习者运用目的语的能力而进行的，在教学对象、教学内容和教学程序上都是有组织的一种"集体"学习方式。其中，教学对象的组织是指，处于同一学习集体（班）中的学习者具有相同的学习目的、相同的（至少是相近的）汉语水平、相同或相近的目的语接受能力，学习集体应有适当的规模；教学内容的组织是指，课堂教学应当使用适合学习者需要和水平的，依据一定的教学思想筛选、组织和编写的教材；教学程序的组织是指，针对学习者和教学内容、按照外语教学规律而安排的大大小小的课堂教学程序和与之相配套的课外活动程序。

（二）分析样本的选择

本节选择的分析样本是基础汉语阶段的精读课，其原因主要有：①精读课，有的地方称为"语法课"，是对外汉语教学诸课型中的主干课型。从我国开始有专门的对外汉语教学事业以来，尽管教学方式上有了很多变化，但是精读课

作为主干课型的地位基本上没有改变。在这漫长的过程中，我们在基础汉语教学方面积累了丰富的经验。②基础汉语阶段的精读课可以说是对外汉语教学中章法比较固定的一种课型。与之相对照的是，其他课型，如听力课、口语课、阅读课、写作课，由于出现较晚，还都没有形成体系，没有一定之规，多种形式并存，教材教法都没有定型，所以还难于进行系统的、一般的分析。至于中、高级阶段的精读课，在原则上跟基础阶段精读课类似。③基础汉语阶段的精读课是对外汉语教学中具有代表性的、成熟的课型。所以我们把它作为分析对象，分析起来比较容易，同时也希望这种分析可以对其他课型的类似分析有所启发。

二、课堂教学过程以及教材

所谓课堂教学结构，是对课堂教学过程和教材进行分析的结果。所以为了讨论课堂教学的结构，需要对"课堂教学过程"和"教材"这两个概念做一些相关的说明。

（一）课堂教学过程

"教学过程"是指：①一个课型（如精读课、听力课、口语课、阅读课、写作课等）的自始至终的完整的教学过程。表现在教材上，是该课型的完整的教科书；表现在时间上，是该课型所用的全部时间。②一个课型依据一定的原则切分成的或大或小的教学阶段。

1. 教学环节

一个教学单位可以划分为若干教学环节。环节是为实现教学单位的教学目的所设计的过程，一般说来，它是依据对教材中"一课书"的语言项目（如生词、课文、语法解释、练习等）的处理顺序划分的。比如，一节精读课可以划分为检查复习预习情况、生词处理、新语法点处理、课文处理、归纳总结、留作业六个教学环节。其中生词处理、新语法点处理、课文处理三个环节是主要环节，是依据处理的语言项目划分的。其余三个环节是辅助的环节，是用剩余的方法划分出来的，它们既不能归到后面的环节中去，也不能归到前面的环节中去。

一个比较长的教学单位，可以分成数个较小的教学单位，也可以分成若干教学环节。比如，对《初级汉语课本》第三册中的第六十课，我们可以依据语言项目，把它分成下面的环节：生词处理、新语法点处理、课文处理、归纳总结。（这里略去了一些辅助环节）假定我们要用八课时完成这一教学单位，根据这种教学方法，可以用两课时处理生词，两课时处理新语法点，三课时处理课文，一课时进行归纳总结。

但是，我们也可以依据课文的进展情况，分成四个小的教学单位。每个教学单位都由检查复习预习情况、生词处理、新语法点处理、课文处理、归纳总结、留作业等环节构成。

在大部分情况中，人们会采用的是后面的方法，也就是对较长的教学单位，不是让其变成大的教学环节，而是要对其进行划分，让其变成小的教学单位。之所以会有这样的选择，主要是因为后面的方法相对来说能够更好地适应教学的规律。而教学环节主要是由教学步骤构成的。

2. 教学步骤

每一个教学环节都是由一个或数个教学步骤构成的。教学步骤是依据教学环节对语言项目的处理方式划分的。比如，"处理语法点"的环节是由展示语法点、解释语法点、练习语法点、归纳语法点等步骤构成的。

教学步骤的安排是为完成教学环节所要达到的目的服务的，在精读课上，一般比较固定。比如：生词、语法点的处理都分为展示、解释、练习等步骤；课文可以分成教师口述、就口述的课文内容提问、学生复述、朗读课文以纠音、提问、答疑等教学步骤。但是，如前所说，有的课型，如听力课、口语课、阅读课、写作课的教学步骤，至少到目前为止，还没有形成比较一致的教学步骤。教学步骤是由教学行为构成的。

3. 教学行为

一个教学步骤是由一个或数个教学行为构成的。比如练习生词这一教学步骤，可能由领读、单读、就生词进行问答、用生词组句等教学行为构成。再如练习一个语法点，可以由领读例句、词语替换练习、师生问答、学生之间问答等教学行为构成。

教学行为是课堂教学过程中最基本的单位。课堂教学归根到底是由一连串的教学行为构成的。教学行为是课堂教学中最活跃，最能表现教学艺术、经验、水平的地方。因此教师应当对各种教学行为心中有数，了如指掌，在课堂教学中根据学生、教学内容、教学进程，选择最合适的教学行为，加以最优的组合。

有经验的教师选用的教学行为，一般都会具有的特点为：①选择学生最容易理解的行为；②选择使学生有最多的练习、实践机会的行为；③选择最接近实际交际的行为；④在教学行为的排列上，达到各行为之间的互相铺垫，平稳过渡。

（二）教材

通常，对外汉语教学中精读课的教材都是依据某种大纲，如语法大纲、功能大纲、情境大纲，编写的。在教材的结构中，一个最基本的单位是"课"。课是教材根据大纲、按照一定的顺序切分出来的教学单位。每一课包含大纲中的一个或数个项目。每课内容的排列，一般是按照教材编写者所设计的教学进程排列的。比如《初级汉语课本》每课的内容一般是这样排列的：①生词；②课文；③语音（在语音阶段）；④语法注释；⑤练习。

第三节　对外汉语课堂教学的测试与评估

一、测试的性质和特点

（一）测试性质

语言测试，是对被试者的语言能力做出科学评定的一种测量。无论是小型的课堂测验，还是大型的标准化考试，无论是集体笔试，还是单个进行的口试，所有语言测试，本质上都是对被试者的语言能力做出客观准确的测量。

对外汉语测试是一种以语言学、对外汉语教学、心理测量学、教育测量学理论为基础，结合汉语的特点而设计，以考查第一语言非汉语者汉语交际能力为核心、兼顾考查汉语知识的语言测试。

（二）测试特点

对外汉语测试具有一般语言测试所具有的客观性、科学性、目的性等特点。由于测试对象的复杂性，测试内容的特殊性，学习目的的多样性，它还具有以下一些特点。

1. 针对性

首先，要体现汉语本身的特点。世界上有几种较为通用的语言，如英语、俄语、法语、西班牙语、阿拉伯语。汉语跟这些语言的关系比较远，在语音、语汇、语法，尤其是文字方面有突出特点。这些特点正是第一语言非汉语者学习的难点，也是对外汉语教学和测试的重点。因此，相关测试应根据汉语语音特点设计听力试题，根据汉语结构特点设计语法试题，根据汉字特点设计汉字试题。

2. 规范性

规范性首先体现为对外汉语测试有规范标准的命题依据。其次，对外汉语测试试卷中，无论是试卷说明的语言，还是正式题目中所选的语料，无论是教师自己编写的语料，还是从真实生活中或者报纸、杂志中选取的语料，都应符合普通话的语言规范，不能使用社会方言和没有收入《现代汉语词典》的地域方言，更不允许出现带有语病的语料。

3. 系统性

首先，要求对外汉语测试内容既要包含汉语的语音、词汇、语法和汉字四大语言要素体系，也要包括汉语的听、说、读、写四大语言技能体系。在传统的汉语水平考试（HSK）中，不论是初中等汉语水平考式，还是高等汉语水平形式，都有完形填空即汉字考查这一项目。新版初中等汉语水平考试的最大改进之一，是增加了对口语（说）、写作（写）两大技能的考查。

其次，即使是在某一语言要素或语言技能考查中，也同样具有系统性的特点。如语法测试应包括：常见的量词、方位词、能愿动词、副词、介词、连词、助词、动词、形容词、名词重叠、补语、定语、状语、语序、比较的方式、提问的方式、常用词组和习惯用语、常用复句等，而不能仅仅局限于语序或虚词。

最后，某一级语言项目，应该限制在同级的语言要素范围之内。例如，同一级语法要与同一级语汇、同一级汉字相一致，即考查某一级语法项目的用词、用字应该限制在同一级语汇和汉字范围之内（可涵盖前一级或前几级）。

二、测试的目的和类别

（一）测试的目的

测试是语言教学的重要组成部分，是一般教学活动的四个环节（总体设计、教材编写、课堂教学、测试）之一。它的主要目的是检查学生语言的学习情况和教师的教学效果。从教的角度来看，测试可以反映教学工作的质量和效益，发现教学中存在的各种问题，起到促进教学的作用；从学的角度来看，测试可以检查学生的学习进程，检验语言知识和技能的掌握情况，鉴定学习成绩，并发现学习中的各种问题，以促进学生的继续学习。

另外，测试也是我们进行选拔和科研的重要方法。通过测试，可以为更高级的课程与教学机构做出选择。例如，汉语水平考试衡量考生的汉语水平，主要是为了给用人单位提供是否选用该考生、如何使用该考生的依据，或者给教育单位提供是否同意该考生攻读某个学位或课程的依据。测试也是我们进行语

言教学研究的重要方法，通过测试可以研究我们的教学方法的优劣、教学大纲是否科学、教学材料是否能达到教学目的等。因此语言测试在语言教学中有着举足轻重的作用，其主要目的在于反馈、选择、研究。

（二）测试的类别

依照不同的分类标准，可以划分出不同的测试类别。其中最主要的划分标准是测试目的。

1. 根据测试目的进行划分

（1）成绩测试

成绩测试是考查学生学习某一汉语课程一段时间后，对所学课程内容掌握程度的测试。成绩测试的突出特点是测试的内容不超越教学大纲、教学计划及所使用教材的范围，教什么，考什么。例如，各类汉语学习班的期中考试、期末考试、结业考试、毕业考试等，都是典型的汉语成绩测试。它不但可以用来检测汉语学习者自身学业成绩的优劣，而且可以用来评估不同地区的汉语院校、同一汉语院校内平行班级的教学效果，从而为提高对外汉语教学质量提供反馈信息。

（2）水平测试

水平测试与成绩测试刚好相反，其测试内容和范围不受某一课程教学大纲、教学计划和所使用教材的限制，也不考虑不同学习者学习时间、学习地点、学习程度的不同。它主要关心的是学习者现有的汉语熟练程度能否保证他在未来完成特定的汉语交际任务。汉语水平测试的内容一般比汉语成绩测试的内容更为广泛，涉及汉语的语音、语汇、语法、汉字等各语言要素和汉语听、说、读、写等各项技能。例如，汉语水平考试是当前规模最大的一种汉语水平测试，它包括的汉语水平考式（基础）、汉语水平考式（初中等）、汉语水平考式（高等）三个主干考试，以及汉语水平考式（少儿）、汉语水平考式（商务）、汉语水平考式（文秘）、汉语水平考式（旅游）各个专项分支考试，都属于权威性的汉语水平测试。

（3）分班测试

分班测试又称为安置测试或分级测试，指在学习者入学时进行的，用来考查其当时的实际水平，以便安排他们进入不同层次学习班的测试。比如，一些大学的留学生教学班分有初级上、初级下、中级上、中级下、高级上、高级下等班级，一名新来的学生适合进入哪个班级学习，通常根据其汉语分班测试的成绩来确定。分班测试是为了尽量让汉语水平相同或大体相当的学习者组成一个班，这样，既便于教师施教，也利于学生学习。

（4）潜能测试

潜能测试又称学能测试、性向测试，指用来预测学习者是否具有学习汉语的潜力和天赋的一种测试。这种测试既不以某种教学大纲或教材为基础，也不关心汉语学习者目前的汉语水平，有时考生可能从未学过或从未接触过汉语。测试的目的只是了解汉语学习者是否具有学习汉语的潜在素质。

这种测试可以为世界各地的汉语学习者选择专业或报考何种汉语水平证书提供各种参考和帮助。比如一位留学生来中国后，是学习汉语言，还是学习中医，可以参照自己的汉语潜能测试成绩来做出决定，以发挥个人的特长和优势。

（5）诊断性测试

诊断性测试是检查学生对教学内容的掌握情况，目的是发现学生在学习某一具体内容或语言知识中的困难或不足之处，同时也检验教学效果是否达到教学大纲的要求，及时发现教和学双方存在的问题，以便及时采取措施，加以调整和改进。从本质上讲，诊断性测试跟成绩测试一样，是一种回顾性的测试，也是学什么考什么，教什么考什么，也是教学单位特别是任课教师常用的一种测试。但就测试目的而言，诊断性测试不是为了评估学习者的学业成就，也不是为了给学习者的学习结果打分，而是为了了解学习者对教学内容哪些已经掌握了，哪些尚未掌握，以便调整教学。诊断性测试既可以诊断学生学习方面的问题，也可以诊断教师教学方面的不足。

从规模上来讲，诊断性测试常常是小测验，而不是一个完整的试卷，测验题目甚至只有一两道、两三道。诊断性测试是非正式的测验，完全由任课教师根据本班的具体情况来命题和施测，因此十分灵活，一般情况下也没有必要实施标准化处理，而且对信度和效度也没有太高的要求。

2. 根据测试命题方式进行划分

分离性测试指将汉语分离成语音、语汇、语法、汉字等各个构成要素，把语言技能分离成听、说、读、写等分项技能，逐一进行测试。通常一道试题只测试一种语言要素或一项语言技能。如原版汉语水平考试（初中等）的第二部分"语法结构"就是典型的分离测试，该部分共有 30 个题目，每个题目一般分别测试一个虚词或一种句型。

综合性测试指将各种汉语知识和语言技能综合在一份试卷或一个试题中，以全面地考查汉语学习者的语言能力的一种测试。例如，汉语水平考试（高等）的作文和口试都属于综合性汉语测试。

这两种汉语测试方式都有各自的优点和不足。前者的优点在于考查的汉语

项目和分项技能多，测试的成绩容易进行量化分析，测试的结果能准确反映学生的具体困难，便于教师对症下药，有针对性地帮助学生克服具体困难；其不足在于孤立地考查汉语学习者的某一项汉语知识或技能，难以反映其综合运用汉语的水平，特别是汉语交际水平。后者的最大优势是可以比较全面地考查汉语学习者的语言能力，尤其是综合运用汉语的能力；其不足在于评分标准不好掌握，实施过程费时费力。因此，我们通常将二者有机结合起来。

3. 根据判卷评分方式进行划分

从评分方式角度对语言测试进行划分，可分为主观性测试和客观性测试。

（1）主观性测试

主观性测试的正确答案一般不止一个，而且往往不是实施测试前能够确定的，需要评分员在评分过程中自己做出主观的判断，对于同样的考生答案，不同的评分员很可能会有不同的评判。

在教学实际当中有很多主观性的测试题目，如简述题、问答题、不给选择项的填空题、完成句子、完成会话、造句、翻译句子或文章等都是主观性的。主观性测试虽然事先也确定了评分标准，但不同的评分员对评分标准的理解和运用往往很难完全一致。这样，考生对题目所做出的反应是否符合要求，或者在多大程度上符合要求，就只能靠评分员自己来判断了。常常出现的情况是，对于同一篇作文，不同的评分员会有完全不同的评判，一个评分员打出最高分，而另一个评分员却给了最低分。

主观性测试的优点主要表现在：①由于答案不唯一，而且不像选择题那样正确答案包括在几个给定的选择项里，因此考生很难猜测，这在某种程度也增加了测验对考生能力的区分作用。②命题容易，考写作一般只需要一两个、两三个题目就可以了，口试即使是采取面试的形式，主考人一般也不需说过多的话，而主要把说话的机会留给考生。③考查有深度和层次，能够使考生有足够发挥自己水平的余地，特别适合考查考生语言运用的能力和产出性技能，特别是书面表达能力和口头表达能力。像作文这种主观性测试，一般认为比一些客观性测试更能直接测出考生的书面表达能力，因而更有效。

主观性测试的缺点则主要表现在：①虽然命题容易，省时省力，但阅卷评分时却费时费力，工作量很大。因此，如果考虑到人力、物力、财力的因素，大规模的语言考试就很难采用主观性测试形式。②由于评分标准不够详尽周到，不同的评分员理解和把握评分标准会存在差异，评分结果很难完全一致。即使评分标准十分详尽，但由于评分标准带有命题人或标准制定者个人倾向等主观色彩，评分员会因有不同看法而不认可事先制定的评分标准，这样，评分员在评判考生答案时就会发生偏差。另外，评分员自身的条件或因素，如水平、经验、态度、情绪等也会影响评分质量。评分的不一致使主观性测试的信度难以保证。

（2）客观性测试

客观性测试是指事先规定了答题方式、答题范围和标准答案，在评分过程中不需要评分员主观判断对错的测试。客观性测试题目形式也有很多种，如选择题、配伍题、是非判断题等。客观性测试题目多数属于封闭式的，即有固定的答题范围和答案（包括正确答案和非正确答案），考生只能在固定的范围里做出特定的反应。

客观性测试的优点：①由于事先规定了答题范围和标准答案，评分非常简单、客观。另外，像多项选择题这样的客观性测试题目，一般都可以由光电阅读机来阅卷，因此评分误差很小，而且极其省时省力。②题量大，内容覆盖面广，一份测试有 100 多甚至 200 多个题目，可以包括的测试点非常多，因此可以比较全面地了解考生的语言知识和语言技能，特别是接受性技能，如听力理解技能和阅读理解技能。客观性测试的长度在很大程度上保证了测试的内部一致性信度。③由于客观性测试多采用 0/1 计分的方法，分数是连续变量，再加上被试样本一般比较大，因此可以满足统计学上的一些要求，如正态分布、分数等距等，这为测试质量和特性的科学性研究提供了条件。

客观性测试的缺点：①客观性测试题目，特别是选择题，都可以靠猜测来答题，四选一形式的选择题猜对的可能性是 25%，而是非判断题猜对的可能性就是一半，这样考生的测试分数并不完全是其真实水平的体现。近年来选择题等客观性测试题目遭到了很多批评。②客观性测试不太适合测试产出性语言技能（如表达能力）和考生综合运用语言的能力。多年来，用客观性测试题目来间接地考查写作能力和口语水平的尝试，虽然信度很高，但其效度一直受到质疑。③编制客观性测试题目比编制主观性测试题目要费时费力得多，特别是多项选择题的设计和编制对命题人员的经验、命题技巧等各方面的要求很高，每一道高质量的多项选择题都需要反复推敲和打磨。

4. 根据反映成绩的方式进行划分

常模参照性测试指对被测者进行汉语成绩测试时，不是直接给出其卷面的分数，而是将被测者的原始分数与常模进行对照比较后，用比较得出的结果作为各个被测者的成绩。这里的常模指用来解释被测者测试成绩时的一种参照值，或者说是标准值。一般用当次考试全体被测者的平均分与标准差做常模。

标准参照性测试指评定被测者测试成绩时，参照一个事先规定好的标准，看被测者是否达到了这一既定的标准或达到既定标准的何种等级。与常模参照测试刚好相反，参加标准参照测试的汉语学习者所得分数的多少，与参加同一次测试的其他人得分多少没有关系。

这两类汉语测试的相同点是都以一定的标准来解释被测者的测试成绩。二者的区别：一是参照物的性质不同。前者用的是当次考试的全体被测者的平均分与标准差；后者用的是事先规定好的标准。二是用途不同，前者广泛地用于选拔性、择优性的招生考试、录用考试等；后者常用于职业考核和等级证书考试。

以上测试的种类是根据不同的标准划分的，它们之间并不是截然分开的，而是相互交叉融合的。例如，一次成绩测试，可能既包含客观性测试题目，也包含主观性测试题目；既包含综合性测试题目，也包含分离性测试题目。

三、测试的功能和原则

（一）测试的功能

对外汉语测试的作用，主要体现在以下几个方面。

首先，它是检查和评估对外汉语教学效果、教学质量的重要手段和依据。通过测试，学习者可以更好地了解自身的汉语水平，检查学习效果，改进学习方法，确定努力方向；教师可以更好地了解学习者汉语知识及其应用技能的情况，以查找教学缺漏，改进教学方法，提高教学质量；学校和教学行政主管部门可以更科学地对各汉语教学单位进行有效的督导和管理。

其次，它是测量学习者汉语实际水平的主要标尺，是公平公正地为全世界汉语学习者发放各类各级汉语水平证书的主要依据，也是世界各国用人单位甄别、遴选汉语作为第二语言职业人才的主要参考。如韩国很多公司在招聘本国人才时，就把应聘者是否持有汉语水平考试等级证书和持有何类、何等级别的汉语证书作为重要条件之一。

最后，它是对外汉语教学研究人员开展汉语本体研究、汉语作为第二语言习得研究等工作的重要工具。比如要比较两种对外汉语教学方法的优劣，对汉语学习者进行汉语语汇学习策略培训有没有效果，教材中某一个汉语语法项目的排序是否科学等，都需要通过相应的实验性汉语测试，在统计比较实验组和对照组学习者的测试成绩，或者同一组学习者实验前后的测试成绩基础上，才能得出科学的结论。

（二）测试的原则

对外汉语测试要真正实现上述功能，就必须遵循如下原则。

1. 公平性与可行性相结合原则

公平性要求所有的对外汉语测试，不管其本身的规模多大、级别多高以及需要花费多长的时间，都要公平地对待那些将汉语当作第二语言进行学习的学习者，无论这些学习者的国家、母语背景、职业类别以及汉语水平是什么样的。

首先，测试的组织和实施必须保证每一位被试者享有同等的客观应试条件。比如汉语听力测试，应该让不同考场、不同地区的被试者，在相同的环境下听取相同质量的录音材料。例如，大型的 HSK 考试中，不能因为条件限制，让部分被试者在标准的语音教室戴耳机听，而让部分被试者在一般教室中用录音机播放磁带听。测试实施前，就应该考虑到测试条件的可行性。

其次，测试成绩的评定，必须做到公正合理。为此，一般学校的留学生各门汉语课程的期末考试，都采用多人流水作业的方式进行评卷。大型的 HSK 考试，非口语和作文部分都采用机器自动化评卷。

此外，如果是大型的水平测试，内容必须多元化。测试语料的选材应该广泛，尽量涉及政治、经济、社会、科普、文化、历史、地理、文艺、体育等各个方面；语料体裁必须多样，争取涉及新闻、政论、小说、散文、戏剧、广告、请柬、通知、信函、产品说明、商务合同、景点介绍等各种文体；考查的汉语知识和技能必须全面，应包括汉语语音、语汇、语法、汉字等各个要素和听、说、读、写各项技能。尽量使不同母语背景、不同职业类型、不同爱好的被试者都得到公平的检测。

在追求公平的同时，测试的组织者以及试题的制作者都必须对公平措施实施的可行性进行考虑。例如，在进行口语测试的时候，为了能够进行多人流水作业，就应该考虑采取录音的方式进行测试。在评卷的时候，要想使用机器自动化评卷，应必须对答题卡进行统一制作，并且要对计算机测试自适应系统进行研发。

2. 科学性与真实性相结合原则

该原则首先要求所有的对外汉语测试都必须以科学的测试理论为指导，以便测试出被试者的真实汉语水平。当前比较科学的测试理论以考查语言交际能力为主，兼顾语言知识和各项语言技能全面测评；测试方式以综合式为主、分立式为辅。例如，汉语水平考试试卷，总体上是综合性的，包括了汉语听、说、读、写等各项语言技能的考查；微观上是分立式的，每一部分，主要考查某一种语

言技能。这一做法充分体现这一科学测试理念在对外汉语测试中的应用，也使HSK 测试能更真实地评测出汉语学习者的汉语水平，值得各对外汉语教学院校在组织留学生平时成绩测试时借鉴。

其次，真实性要求对外汉语测试试题在题型设计、选材和命题时，充分体现汉语在实际使用过程中所表现出来的交际性、互动性和真实性的特点。用于测试试卷中的语料应来源于真实生活中实际使用的自然语言，但又不是真实生活中实际使用的自然语言的直接翻版，而是经过一系列科学提炼加工后的干预语言。

3. 主观性与客观性相结合原则

从宏观上说，对外汉语测试题，应该包含主观性试题和客观性试题两大类型，将二者有机结合起来。新改版的初中等汉语水平考试试卷，增加了口语和作文两类主观性题型，整个试题体现了测试主观性与客观性相结合的原则。从微观上讲，客观性试题要求答案的唯一性，排除选择答案的模糊性和主观性因素。

客观性原则，还要求一道汉语题目的答案不能因为被测对象文化观念、生活习惯等方面的不同而可以随意选择。特别是读（听）后"感觉"之类的题目，要尽量立足于材料本身，让考生别无选择地去寻找蕴含在原材料中的思想、观点和弦外之音。

四、测试质量分析

对外汉语测试能否达到预期的目的，关键是看测试试题的质量如何。本节主要讨论分析对外汉语测试试题质量所需的主要分析项目、分析方法和分析指标。

（一）分析项目

体现对外汉语测试质量的项目主要有以下几种。

1. 测试的题型

一份综合测试试卷应该包括主观试题和客观试题两种题型，比例要合理。对外汉语测试题目有许多具体形式，如多项选择、完形填空、是非判断、回答问题、朗读材料、情景（人物）介绍、自由说话、定题作文、提供材料作文等。其中选择、完形填空、是非判断、回答问题几种题型最为普遍。它们既可以用于汉语语音、语汇、语法、汉字等各项汉语要素的考查，也可以用于听力、阅读、口语、写作等各种汉语技能的考查。

（1）选择题

选择题就是一个题干之后，给出3个以上的选项，让考生从中选出一个正确的选项。选项可以是3个、4个、5个等，比较常用的是4个选项。选项中有答案和干扰项。选择题属于客观性试题类型。因为它能测试语音、词汇、语法、阅读、听力等，目前使用范围非常广泛。

设计选择题时，首先要确定考点，也就是命题的内容；然后根据考点写出题干和答案项，再写出干扰项；之后，还要对选项和题干进行修整，对选项进行排列，要注意不同题目的答案分布。

选择题的设计要注意：①语言。语言要正确、地道、得体、简洁，不要出现含糊不清的语言表达。题干或干扰项不要为答题提供线索。②题干。题干应尽可能点明问题的实质，让考生明白问题是什么。题与题之间应该有相对的独立性；应该询问不同的内容和文章的不同部分，不能老是纠缠相同或者相似的问题。③选项。选项本身要符合语法。选项要用同义替换的方法重现原文，避免使用文章中原有的措辞，同时要保证选项比原文容易。选择项要具有一定的迷惑性，不能生拼硬凑。干扰项要有一定道理，跟考题内容有相关性，以便真正起到干扰效果。选项与选项之间应该相互独立，避免相互依赖。要保证选项的相似性。④选项与题干的关系。选择项和题干要相配。所有的选项与题干相接后，在形式上都应该是完好的，符合语法和逻辑。选项中共同的语言成分应集中于题干上，以使表述精练等。⑤避免试题的偏颇性。避免出诡计题，反面提问（如"下面哪句话不对"）的题目不应该太多等。

（2）完形填空题

完形填空题，也有人译为综合填空题、定位填空题等，是将一段文章中的一些词删去，要求考生填出所删去的词的一种测试方法。一般认为，完形填空题是测试学生系统的语言知识与理解能力的有效手段。去掉的词越多的短文，文字越难的文章，难度越大。

完形填空题的设计方法通常有两种：一种是等距离删词法，又叫固定比率法；另一种是非等距离删词法。等距删词法是指固定地每隔多少个词删掉一个词。英语一般的标准是每隔5个词到11个词，删掉一个词。但无论隔几个词，重要的是删词的间隔是等距的，如一旦决定每隔7个词删一个，就要把这个标准坚持到底，不管碰上什么词（人名、地名、日期、时间等例外）。非等距删词法是不定距地、有选择地删除文章中的一些词。出题者可以根据自己的意向来决定删什么词，如虚词、动词，或者固定搭配等。这样改变了完形测试的随机性，加强了测试的目的性和实用性。非等距离删词法又有两种：一种是选择

式完形填空，初中等汉语水平考式综合填空第一部分就采用了这种形式；另一种是后面没有备选答案，初中等汉语水平考式综合填空的第二部分采用了这种形式。

（3）是非判断题

是非判断题实际上等于只有两个选择项的多项选择题，在正式考试中较少使用，因为它的猜对率高达50％。但也有学者认为，是非判断题适合检查学生对长文章的整体理解水平。由于判断只有题目，每一个题目都是独立的，设计时灵活性较大；但要注意避免题目之间的重复，或者相互提供答案参考的可能性。

（4）配对题

一般提供两组项目，要求决定乙组的哪一个项目应该与甲组的某个项目配对。常见的有汉字部件配对成汉字、词语及其释义的配对、同义词配对、反义词配对、同范畴词配对等。如果甲组只提供一个项目，而乙组提供多个项目，就成了多选题了。

2. 试卷的结构

试卷的结构指一份测试试卷中，不同的测试项目的比例构成情况。从题型上看，包括主观性试题和客观性试题的结构比例；从语言技能上看，包括听、说、读、写之间的结构比例；从考查范围上看，包括基本知识、理解能力、综合应用之间的结构比例。

3. 试题覆盖面

试题覆盖面指一份汉语测试试卷包含的题目所涵盖的考查范围。试题覆盖面可以从纵横两个方面去考虑。①横的方面，指试题的内容应该尽量涉及需要检测的各个语言项目。例如，汉语水平考试的语法部分试题，预期测试的内容应该包括动词、副词、介词、连词、助词等各类词性，比较句、"把"字句、被动句、"是"字句等各类句式，并列、转折、选择、条件等各类复句，以及其他各类语法点。但是一份试卷卷面只能有30个题目，如果这30个题目有10个是考被动句的，那么该试题覆盖面就有问题。②纵的方面，指试题的内容应该尽量覆盖同一语言项目在不同层次（等级）上的内容。如制作初中等汉语水平考试试卷时，所使用的汉字和词汇应该覆盖甲、乙、丙各个等级的汉字和词汇，而不能只用某一个等级的汉字和词汇。当然，这种覆盖不可平均分布，而要比例适当。

在平时的班级成绩测试中，一门汉语课程的测试试题应该覆盖本课程大纲和教材所规定的全部内容，并根据大纲和教材所包括的重难点，进行合理的分布。

（二）分析方法

汉语测试试题质量分析的方法比较多。这里主要介绍总分对比法和内外比较法。

1. 总分对比法

先把每个考生在测试中的总分从高到低排列出来，如100个学生，100道题，一题一分，最高分是95分，最低分是45分，其他的分布于二者之间。再看考生的做题对错情况。有些题高分的考生做对了，低分的考生做错了；有些题高分低分的考生都做对了。这说明这些题可能没什么问题。但如果有一题，高分的考生有很多做错了，低分的甚至最低分的考生反倒做对了，这题就值得怀疑，从其效果来看，它没能起到把好的考生和差的考生区分开来的作用。

大规模的第二语言考试，如美国的托福考试、中国的汉语水平考试，其试卷在正式使用前都内部试用过多次。每次试用后，都对每个考题进行过总分对比，看它们是否符合要求，并根据实际情况进行删改修正。

2. 内外比较法

内外比较法有两种情况。如果是成绩测试，就把考试成绩和学生的平时成绩进行比较。如果平时学习好的学生考试成绩也好，平时学习差的学生考试成绩也差，说明考卷没有多少问题；否则，考卷就可能有毛病，需要修改。如果是能力测试，就把考试的成绩和考试后考生用目标语进行交际的实际情况进行比较。例如，某学生在汉语水平考试中达到了某一个等级，按规定可以入系和中国学生一起学习某个专业。如果该学生的汉语可以应付学习，说明这个测试具有效度；反之则说明试卷缺乏效度，不能反映出考生的真正水平。

（三）分析指标

一份汉语测试试卷质量的好坏，可以从以下几个指标进行定量分析。

1. 信度

信度是指测试的可靠性，指测试结果的可靠程度和稳定性。语言测试是测量受试者语言水平的工具，工具本身必须可靠。同一试卷测量同一受试者，在其语言知识水平和能力水平没有变化的情况下，如果几次测量的结果都不同，则说明测量工具有问题。测试的成绩越接近受试者的真实水平，则测试的信度也就越高。要保证试卷的稳定性，必须讲究测试的信度。而试卷的稳定性对水

平测试而言，可以保证达到同一分数线的受试者具有基本相同的水平；对成绩测试而言，除了保证达到同一分数线的受试者具有基本相同水平外，还能较为客观地反映教学质量和教学情况。

决定卷面信度的因素主要有：①卷面构成。其基本要求是，测试项目要合理安排，测试内容必须有一定的代表性和覆盖面。②试题的数量。难易相当的同类题型的数量越多则信度越高；题量少，偶然性就比较大，则信度相应就低。③评分标准和办法。评分标准客观、评分办法科学，则信度高。一般来说，主观性试题的信度比较低，客观性试题的信度比较高。解决的办法是对主观性试题的评分要尽量客观化。④受试者水平。受试者水平有差异，测试的可靠性就高。此外，验证和提高卷面信度的主要办法是进行试测对比，经过多次试测对比和筛选，可以保证卷面的信度；跟踪调查测试对象的学习情况也可以作为衡量信度的一个标准。

2. 效度

效度也就是有效性，指测试的有效程度，也就是测试的内容和方法是否达到了测试的目的。要保证效度，关键是测试的项目和内容要与测试目的相一致。这种一致性具体表现在：①有的放矢，该测的就要测，不该测的不涉及。②该测量的部分还要注意是否有缺漏或出现偏题、怪题。③要注意试题所包含内容的代表性、准确度和覆盖面如何。

具体地说，保证试题的效度要注意：①明确测试目的。例如，测试听力理解，如果用篇幅过长的文本，就难以确定受试者的听力理解水平和记忆力两者之间究竟是哪一个起的作用。②命题要遵循原则。试题的语言表达必须清楚，要求必须明了。试题不宜过多或过少、过难或过易，否则就很难真实、全面地反映受试者的水平。③要避免试题之间相互暗示或在编排顺序方面可能暗示某些试题的答案。④必须严格考试的组织管理。测试指导语应该规范、明确，考试环境和设备要达到相应标准，考场组织纪律必须严格，监考人员在收发试卷时行为要符合规范，等等。

3. 区分度

区分度指测试区分受试者的水平差异的性能。如果受试者的水平有很大的差异，而测试结果却很接近，则说明该测试的区分性差。测试的区分度可以从试题的难易度和试题的区分度这两方面进行考查。试题的难易度是指试题的难易程度的比例应该适当。难度太低，受试者都能答对；难度太高，能答对的人极少，这两种情况不能反映受试者的真实水平。为了区分受试者的水平差异，试题的难度要保证一定的比例和跨度，可以把试题按难易程度分为若干等次，从而拉开受试者之间的距离。试题的区分度指试题能区分受试者水平差异的程度。试题的区分度与试题的难易度密切相关。如果将受试者分为若干组，某一道试题如果高分组答对，低分组答错了，那么这道题就有较好的区分度。

4. 反馈作用

反馈作用是指测试对教学所产生的影响。任何测试都会对教学带来反馈作用，反馈作用有积极与消极之分。能很好地引导教学，促进学生的学习的情况是积极的反馈；反之如果误导教学方向，甚至出现教学为考试服务的情况是消极的反馈。要使测试本身起到积极的反馈作用应注意两方面：①测试项目、内容和试题题型的选择与确定有利于指导课堂教学。②测试标准和试题难易深浅都要适度，这样才能有利于教学水平的提高。

五、测试成绩分析

本节主要阐述如何借助统计学的有关知识，对测试成绩做进一步的定量分析，用概括性、标志性的统计数字，对成绩的分布规律和表现特征进行精确的描述，以便客观评价每一位受试者成绩的高低，准确比较不同留学生班级或不同地区的汉语教学效果，科学解释汉语作为第二语言习得实验研究的结论。反映测试成绩分布规律的统计量数，一般包括集中量数和差异量数两种。

（一）集中量数——反映分数集中趋势的统计量

集中量数，是代表一组数据（或分数）的一般水平或集中趋势的统计量，它反映了一组数据（或分数）中，大量数据（或分数）向某一点（或数值）集中的情况。描述数据集中情况的统计量有多种，其中主要包括算术平均数、中数和众数。

1. 算术平均数

算术平均数又叫平均数，或者叫均值。其计算方法是用数字个数去除数字总和即可得出。用公式表示为：

$$\bar{x} = \frac{x_1 + x_2 + x_3 + ... + x_N}{N}$$

式中：$\bar{x}$ 表示平均数；x_1，x_2，…，x_N 为每个分数的值；N 为数据的个数。下面举一个例子。

某中学英语教师教两个同年级平行班，在一次英语测验中，甲、乙两班的成绩如下。

甲班：75，76，77，79，80，83，85，86，88，90

乙班：65，69，75，79，81，85，87，91，93，94

这位老师要对比两个班的成绩。她首先算出两个班的平均成绩，分别用 $\bar{x}$ 和 $\bar{y}$ 表示。

$$\bar{x} = \frac{75 + 76 + 77 + 79 + 80 + 83 + 85 + 86 + 88 + 90}{10} = 81.9$$

$$\bar{y} = \frac{65 + 69 + 75 + 79 + 81 + 85 + 87 + 91 + 93 + 94}{10} = 81.9$$

平均数计算很简便，是人们应用最普遍的一种集中量数；但它并不能完全反映出分数的分布情况。在上面的例子中，两个班的分数平均值完全一样，但并不能说明这两个班的分数情况没有分别。我们可以观察到，甲班的分数比较靠近平均值，乙班的分数高低差别很大，偏离平均值程度较高。关于分数间的离散情况我们将在后文中介绍。谈到平均值时，我们要与中位数和众数进行区别。

2. 中位数

前面我们提到平均值是一种最普遍的集中量数，也常常是中心值的很好的表征。例如，如果有 5 个数据：3，6，7，8，11。这 5 个数据是左右对称的，很容易算出它们的平均数是 7。如果最后一个数是 56，可以算出这时的平均数达到 16，这时，这个平均值就不能很好地表示集中趋势了。因此，有必要引进一个不受太大或太小的样本值影响的中心值，这个数值叫作中值，又叫中位数。

中位数就是在一组数据中居于中间位置的数值。如果有奇数个数据，那么中间的那个数据就是中位数；如果有偶数个数据，那么，最中间的两个数据的平均数就是中位数。例如，下面的一组数据：

3，6，6，6，6，7，8，9，11，15

其中位数就是

$$m = (6 + 7) / 2 = 6.5$$

用中位数表示集中量数的优点是简单方便，尤其是在一组数据中出现极端的数据时，一般用中位数来作为该组数据的代表值，而不是平均数。但计算时由于不是每个数据都加入计算，因而有较大的抽样误差，不如平均数稳定。

在正常情况下，平均分和中线分（即中位数）应该大致相同或相似。例如，11 个学生的分数分别是 95，92，90，88，83，80，79，75，72，65，55；平均分是 79.5 分，中线分是 80 分。这说明该测试基本正常。

如果平均分和中线分相差太大，或者说明该测试有问题，或者说明相关的情况不正常。例如，11 个学生的分数分别是 95，94，93，91，91，89，86，83，56，51，48；平均分是 79.7 分，中线分是 89 分，相差 9.3 分。这可能表明原来分班的情况不太合适，有 3 个学生应该分在下一个层次的班级。此外，该测试可能还存在另一个问题，即其他 8 个学生的分数太接近，测试没有把他们的真实差距准确反映出来。

3. 众数

众数是指在一组数据中出现次数最多的那个数值。例如，在上面讲中位数时提到的那组数据，其中 6 出现了 4 次，是出现次数最多的，因此，6 就是那组数据的众数。众数可以不止一个，当一组数据出现不同质的数据时，或数据分布中出现极端数据时，可以用众数对该组数据的集中趋势做粗略估计，平均数、中位数和众数都有其相对稳定的一面，又有其不稳定的一面。因此，我们在考查数据的集中趋势时，最好这 3 个量都要看一看。这 3 个量越是接近，数据曲线就越接近正态分布；相差越大，数据曲线就呈偏态分布。这 3 个量完全相同时，就是最理想化的正态。

（二）离散量数——反映分数差异性的统计量

要全面客观地揭示一组数据的本质特征，还需要考虑数据的分散情况，即数据总体内部的变异状况或差异情况。例如，考查同一个年级中，几个教学班某门课程的成绩时，常会遇到有些班级平均成绩相同，但不同班级内，学生成绩之间的差异程度不同。这时，如果只比较平均分数，就不能真实地反映这些班级在该课程中教学效果的差别。

例如，一个学校有 A、B 两个平行的留学生初级班，两班汉语读写课的考试成绩如下：

A 班：71，74，76，77，77，78，79，80，81，82，83

B 班：50，65，68，75，77，78，80，85，88，92，100

运用前面的知识，很容易计算出这两个班的平均数和中位数都为 78，但不能据此就简单认为两个班学生总体汉语水平和教学效果是一样的。要想切实比较 A、B 两班之间总体汉语水平和教学效果的优劣，就必须借助离散量数。离散趋势的统计指标，比较常用、比较简单的有全距、四分位差等。

1. 全距

全距，又称极差，是一组数据（分数值）中最大值 X_{max} 与最小值 X_{min} 之间

的差值，因为它是全部数据中两个极端值之间的差距，故又称全距。常用符号 R 表示，R 越大，说明数据分布越分散，即学生之间的成绩差别较大，教学效果相对也较差；反之，R 越小，说明数据分布越集中，即学生之间的成绩差别较小，教学效果相对也较好。

全距的计算方法为：先将所有数据由小到大排列，然后用最大数值减去最小数值。用公式表示为：

$R=X_{max}-X_{min}$

如上例中 A、B 两班成绩的全距分别为：

$R_A=83-71=12$

$R_B=100-50=50$

很显然，B 班成绩的全距 50，远远大于 A 班成绩的全距 12。这说明 B 班学生之间成绩的差别，远远大于 A 班学生之间成绩的差别。因此，我们可以得出 A 班学生的总体读写水平（或教学效果）好于 B 班。

2. 四分位差

四分位差是另外一种可以用来反映一组受试者成绩之间差异大小的统计量。其计算方法：先将一组数据（分数）从小到大排列，然后把总的数据（分数）个数分为相等的四等份，得出 3 个分割点 Q_1、Q_2、Q_3，分别称为第 1 个四分位数、第 2 个四分位数、第 3 个四分位数，再用第 3 个分割点 Q_3 的值，减去第 1 个分割点 Q_1 的值，所得之差就是该组数据（分数）的四分位差，常用符号 Q_D 表示。计算公式为：

$$Q_D=Q_3-Q_1$$

应注意 Q_1 与 Q_3 为分界点上的数据。Q_D 越大，说明该组数据离散趋势越大；Q_D 越小，说明该组数据离散趋势越小。

第八章　现代汉语教师的基本素养与能力发展

进入信息社会以来，不断发展的信息技术促进了汉语教学领域不断发生变革，信息素养也成了汉语言教师必须具备的基本素养，因此汉语言教师要想使教学工作更好地开展，就必须加强自身的信息素养，使得自身的能力不断得到提升。本章主要分为现代汉语教师的信息素养、现代汉语教师的能力培养两部分，主要内容包括现代教育技术给汉语教学领域带来的变革、信息素养与教师教育、培养反思教学的能力、培养跨文化意识等。

第一节　现代汉语教师的信息素养

一、现代教育技术给汉语教学领域带来的变革

新技术也许会使一些汉代汉语教师感到迷茫和困惑，这是可以理解的，但我们相信，无论是多媒体汉语教学体系，还是未来的虚拟大课堂，都不会使现代汉语教师的职能消失。相反只有对汉语教学进行更深刻、更细致、更全面的研究，才能充分把握自身的优势，发挥新技术的特长。现代教育技术给汉语教学领域带来的变革以及现代教育技术给教育领域带来的深刻变化表现在备课方式、授课方式、学习方式、考试方式和科研方式等方面。

（一）备课方式的变革

在传统的备课方式中，教师的教案大多是手写的，难免存在一些问题。具体如下。

1. 不利于修改和及时更新

教案如果要修改，要么重写，要么在上面涂改，既浪费时间又不整洁，效率较低。然而在语言教学中，教师经常要根据学生的母语背景或组成情况等对教案进行修改或更新；加上课程内容也会不断更新，需及时对教案加以补充和修改，一成不变的教案很难满足现代社会对教学的要求。

2. 不利于课堂上动态地变换内容

手写教案的内容是静态的、平面的。如果要在某个地方插入一幅图，只能用挂图。教学备用挂图的数量和内容都有很大局限，满足不了语言教学的需要。

计算机备课方式除了可以解决上面的问题外，还有更多的优越性。概括地说就是灵活、便于更新，并且是多媒体的。计算机备课可分为两种方式：一是利用文字处理软件（如 Word）编写和修改教案。二是利用演示讲稿软件（如 PowerPoint）编写和修改"电子教案"。它能方便地把讲课用的大纲内容与辅助的文字、图形等相结合，构成色彩丰富、图文并茂的幻灯片，加上声音、动画等各种媒体信息，插入超级链接，组成在计算机屏幕上显示的电子演示教案，提高教师备课的效率。

（二）授课方式的变革

采用传统的方式进行授课时，授课地点只能是教室，教师能够采用的授课方式主要就是口述和板书，能够进行语言教学的方式很单调，不可以及时地将语言发生的场景展现出来，导致解释的时候需要很长时间，对语言的学习和训练会产生消极的影响。只有在拥有计算机支持的前提下才能采取计算机参与的授课方式，以硬件设备条件为依据，有两种教室可以采取计算机参与的授课方式，即多媒体演示教室以及多媒体网络教室。

（三）学习方式的变革

采用传统的学习方式，学生除了上课以外，课下只能或看书本复习，或跟着录音机、电视学习，或与"语伴"进行练习。前两种方式都是单向交互的，即在练习中出现错误时没有相应的指导；最后一种方式虽然有指导，但往往不是很可靠（"语伴"多为普通学生，不能从所犯的语言错误中发现实质问题）。

在以计算机为工具的学习方式中，学生可以通过课件复习和巩固课上所学内容，或通过视频点播重新观看教师上课的实况；可以通过远程的方式学习汉语，通过网络电话、电视会议系统与教师交流。

（四）考试方式的变革

考试方式方面，出卷方式、考试形式、阅卷方式都有可能发生变化。手工出卷时，由于试题的难易度等不易准确把握，因此其合理性难以预料。如果将试题输入计算机，标注相关属性，建立试题库，并根据教学内容的更新对试题不断地补充和删除，当题目达到一定数量时，就可以利用题库软件随机抽取，保证每次考试题目的有效性及合理性。

传统的考试有笔试、口试等，特别是语言的口语测试很难保证其一致性、公平性。而随着科技的发展，考试方式会从有纸化发展到无纸化，从无纸化发展到无盘化（网上进行）。人们再也不用为参加汉语水平考试而奔波于城市与城市之间，更不必等上很长时间才知道是否通过了此次考试，甚至可以在考试结束后马上领到成绩单，因为阅卷是在计算机或网上进行的，不但减少了误差，还可以做到快捷高效。随着汉语口语水平自动测试系统的研制成功，客观、准确、快捷的汉语水平考试体系总有一天会实际应用。

（五）科研方式的变革

传统的科研方法存在一定的不足。比如，在图书馆查阅科研文献资料时，资料往往具有滞后性，图书馆资源库的质和量也会受到学校经济条件的制约；又如，传统的语言分析和调查都是手工进行的，不但数量有限，而且速度和准确性得不到保证，结果也会受到不同程度的影响。

在数字化时代，国际互联网被认为是 20 世纪以来最重要的科研工具，人们可以利用在互联网中建立和连接的各类大型和专业数据库进行文献存储和检索，互相交流学术思想，通过互联网进行广泛的国际合作研究。现在，国内外许多科学技术出版社都要求以互联网方式投稿、发表学术论文或参与讨论。网上查询可以随心所欲，不仅速度快，还可以得到国内外最新的研究成果。利用计算机技术和网络技术可以对语言的变化进行动态的观测和快速、准确的分析统计，为语言教学提供更多有价值的参考信息。

二、信息素养与教师教育

（一）现代汉语教师具备信息素养的必要性

1. 教育技术新形势下现代汉语教师面临的任务

教师本身是否具备一定的信息素养，能够对现代化教学的成功与否起到决定性的作用。实际上，不同学科在进行教学的时候，不管是对技术的依赖程度，还是依赖哪方面的技术，都存在着很大的差异。根据现实的情况来看，运用现

代媒体技术较多的是技术学科，其得到的教学效果也十分明显。之所以会出现这样的情况，主要是因为与技术相关的学科自身就具备一定的技术含量，而从事这些学科教学的人员又具有掌握现代信息技术的先天优势。

然而，汉语教学则是另外一种状况。语言是人与人之间直接的或者间接的交流工具，因此，语言教学离不开人的参与，人的因素在语言教学中占有比其他学科更大的比重。所以，必须科学地认识和正确地把握汉语教学过程中的技术因素和人的因素，并使两者有机结合，从而创造出超越现有模式的教学效果。无论是在汉语课堂上应用网络技术，还是在网络上构建虚拟的汉语教学课堂，都对网络汉语教学的发展起到了积极的促进作用，丰富了汉语教学的模式，但与此同时对现代汉语教师的期待更多。

未来的现代汉语教师应具备更高的电脑操作技能，掌握现代教育技术的基本原理，对远程教学的发展有一定的洞察力；研究新技术对语言教学理论所产生的影响，探索现代教育技术如何指导汉语远程教学，总结并发展汉语远程教学模式；开展国际性的分工合作，发挥各自的优势，共同策划、编写教材，开发和制作课件，共同组织教学，共享教学资源，成为国际远程教学的合作者；利用一切可利用的信息技术手段，建立与学生沟通的渠道，成为学生主动建构知识的帮助者和指导者。目前已经出现了汉语网络教师、汉语远程教师，他们有的在幕后策划组织远程电视会议，有的在网络上定时通过语音或视频为学习者答疑解惑。随着远程教学的发展，汉语教师的职能、与学生的关系、教师队伍的结构都将发生重大变化。教学不再局限于使用黑板、粉笔，这已是不争的事实。

2. 面向全球化汉语教学的形势需要

（1）信息素养是未来教师必备的素养

随着信息技术的不断发展，世界上所有的国家都越来越重视信息素养，并且将其作为教育目标列入了从小学到大学的教育之中。信息素养已经变成了教育最基本的需要之一。与此同时，信息素养也被加入了人才评价体系当中，变成了对人才综合素质进行评价的极其重要的一项指标。

在美国，自 1995 年美国国会技术评估办公室（Office of Technology Assessment，简称"OTA"）发布《教师与技术》以来，已有约 40 个州将信息技术能力纳入教师资格认证的一项内容。不仅人们重视信息素养评估，而且还出现了检验信息素养的信息素养评估工具。

在著名的 EIS 网站上我们不难看到有关"学生信息和通信技术素养评价"的测试产品，它们为我们提供标准化的信息素养评估服务，包含了不同地区、不同内容的、多样化的信息素养评估和培训网。从什么是信息素养、信息素养调查分析，到信息素养能力培训教程和培养目标，都有涉及。

（2）信息素养是现代汉语教师的必备能力

各学科的信息素养教育是与学科的特点和要求相联系的。信息素养教育为本学科培养具有信息素养的人才，从而推动着学科教学思想，以及教学目标、内容、方式和评价等各个环节的变革。

针对汉语教学领域的信息素养教育，其主要任务是培养对外汉语教师具有适应信息化社会汉语教学所必备的才能。信息教育，可以提高汉语教师的信息素养，满足信息化社会汉语教学的需要，促进汉语教学的顺利开展。实际上，日常的教学资料等文件管理和命名的方式、收发邮件时的表述方式、教学内容的呈现方式、通过网络发布信息的习惯和解答问题的态度等方面，都表现出信息素养的水平。因此，我们一定要对其充分重视，并把信息素养教育提上议事日程。作为信息时代的对外汉语教师，在应用信息技术开展教学和研究的时候，应该表现出应有的信息素养，担负起时代的责任。它代表的是一个有着几千年历史文明古国的形象，传播汉语的同时也传递出中国人的人文情怀，体现出具有时代特征的汉语教学工作者的人文面貌和技术水平，绝不可小觑。因此，培养汉语教师信息素养是信息时代发展的要求，它直接关系到教学水平和研究水平，决定着教师自身的竞争能力和生存能力。

3. 时代的责任

从以往汉语教师资格认证对信息素养没有明确的要求，到《汉语作为外语教学能力等级标准及考试大纲》中的"语言研究与对外汉语教学理论"中补充规定"五、现代教育技术的应用"，再到《国际汉语教师标准》在"标准八"和"标准九"中的具体规定，反映出时代的变化对汉语教师提出的更新、更高的要求。这是我们必须面对并加以重视的。

在现代教育技术普通运用的大背景和大环境下，汉语教师的历史责任就是要努力研究汉语教学理论和实践，利用信息技术创新教学模式和教学方法，以适当的技术手段促进教学活动的开展和教学效果的提升，创造优质和丰富的教学资源，以满足汉语教学的各种需要。对外汉语教师信息素养是"对外汉语教师应具备的信息技术与对外汉语教学的课程整合的能力，包括信息化教学设计的能力、教学内容信息化处理的能力、创设语言交际环境的能力、培养听说读

写译语言技能的能力等"。对外汉语教师信息素养是对外汉语教师知识结构更新的重要方面。

教师不可以只满足于现有的知识以及技能，而是要积极地对自身的知识以及技能进行不断的更新，以此促进自身的成长。

（二）信息技术与教师教育

1. 信息技术与教师教育

信息技术与教师教育已逐渐成为教育技术领域的一个专门学科，它主要研究如何对教师进行信息技术方面的培训，以便使教师能够更好地、更自觉地在所从事的学科领域合理、有效地运用信息技术，最终具备信息素养。具体研究包括：技术应用培训问题、信息技术对教学效果的影响，以及应用信息技术开展教学的成功方案等。

2. 教师教育的途径

随着信息技术的飞速发展，各种各样的现代教育技术理论与方法也不断地产生，教师在进行工作的时候，不仅要面临正规学校教育会产生的问题，还会面临一些之前没有遇到过的问题。所以，从信息素养的角度来讲，具备独立进行学习的能力以及社会责任感是非常必要的。处于信息社会的教师，应该对那些不断产生并且得到应用的新技术进行学习以及思考，从而适应不断产生的新需要。

首先，要使教师在思想上重视，有积极的心态；其次，在实践中要不断运用新技术和新方法去探索教学理论和教学方法；最后，从责任和道德方面要求和约束自己。提升信息素养的方式有很多，如参加培训（脱产学习和非脱产学习）、工作中自我学习、教师间互相交流等。

3. 信息技术与教师教育研究方法

开展信息技术与教师教育的研究方法有以下三种。

（1）经验理论

经验理论认为，科学的方法是研究人类行为的唯一正确的方法。从经验主义出发，我们可以认为外部客观世界是可以被认识、被量化的。因此，我们可以通过提供有关计算机在学校中使用情况的精确描述，了解教师教育方面实际的技术应用情况。

（2）批判理论

批判理论认为，一个群体的获益是以另一个群体的损失为代价的。因此，我们应该认识到盲目的计算机教育应用对教育的伤害，反思因技术引入教育领域而带来的一些问题。

（3）解释理论

解释理论与心理学建构理论相关。他们认为，社会科学研究的结论带有局限性。因此，要重视案例研究和专业实践性研究，倡导"参与性研究"。研究所涉及的方面有：现状调查研究、相关政策研究、师生态度研究、教学应用研究、培养方案研究、总结和反思、计算机辅助教师教育研究等。

信息社会的发展需要教育的信息化。所谓"教育的信息化"，就是要在教育过程中全面运用以多媒体计算机和网络通信技术为基础的现代信息技术，促进教育的全面改革。对于对外汉语教学来说，这种信息化的进程应当说仅仅是开始，任务是艰巨的，发展前景是广阔的。

第二节　现代汉语教师的能力培养

一、培养反思教学的能力

反思教学，是指教师以旁观者身份，从教和学的角度考查本人的教学是否有效、如何改善。它是一个"将学会教学"与"学会学习"结合起来，努力提升教学实践的合理性，使自己成为学者型教师的过程。反思教学，是教师专业发展的基本过程。

《国际汉语教师标准》中"教师综合素质"第一条标准是："教师应具备对自己教学进行反思的意识，具备基本的课堂研究能力，能主动分析、反思自己的教学实践和教学效果并据此改进教学。"具有反思教学的能力，才能不断提高教学和教学研究能力，使教师得到全面、持续的专业发展。

王添淼归纳国内外有关反思型教师成长路径的几种方式，可以作为参考。

①撰写反思日志，建立成长档案。建立档案有三个好处：第一，记录自己的成长过程；第二，系统整理教学经验；第三，方便对自身教育行为和理念进行反思。建立档案，是进行反思教学的基础。

②微格教学。微格教学是反思教学的一种方式。教师将一个简短的教案实践环节，或者一个真实的教学视频片段向同事或一个较小班级的学生呈现。呈现过程中，教师用新视角审视自己、学生和课程。教师可以与同事、专家、学生交流，发现教学中的问题，商议解决方法，通过呈现、交流与讨论，达到全

方位深刻反思的目标。

③行动研究。行动研究是一种关注实践改进的研究模式，具体指教师对自身的教学行为进行即时监控与调节，对出现的问题进行即时研究和解决。它将教学行动与研究这两个领域融合成一体，能锻炼、提升教师发现问题、解决问题的能力，能及时体现反思教学的实际价值。

④叙事研究。叙事研究是教师讲自己或他人有关教育的故事，并进行相应研究。叙事包括想象叙事、口头叙事和书面叙事。个人故事发生在大教育背景之下，合理的叙事研究可以促使教师把个人经历、体验与社会生活相连，在社会背景下反省个人的教学、生活与学习，使反思不但生动具体，而且具有普遍意义。

⑤建立教师专业共同体。教师专业共同体以教育实践为内容，以共同学习、研讨为形式，通过团体成员的沟通与交流，最终实现整体成长。教师专业共同体可以以学校为单位，也可以是校际或区域间的职业联合体。每位教师都有自己的经验，通过共同体这座桥梁，可以促进教师把潜意识中的知识、经验外化、确认和整理，与他人共享和相互促进，可以提高教师在专业发展中的反思和协作能力。

二、培养跨文化意识

教师应具备跨文化意识，了解他国文化，避免出现文化冲突。

一位教师给留学生讲《愚公移山》，学生却问：为什么愚公不搬家，而要花那么大的力气去搬山？中国人认为，愚公移山的启示是只要坚持到底，就能克服任何困难，取得最后胜利。西方人则认为做事要灵活，讲求效率；愚公移山得不偿失，应找出更好的解决办法。

"阿凡提借锅"的故事：阿凡提向财主借锅，还锅时多还了一口小锅，说是借的锅生了孩子，财主高兴地收下了。后来阿凡提向财主借了个大锅，几天后说："大锅死了。"财主问："锅怎么会死呢？"阿凡提答："既然它会生孩子，也就会死啊！"故事本意是颂扬阿凡提惩治贪婪的财主，可留学生却认为阿凡提骗人，没有诚信；财主借锅却被暗算，值得同情。

以上案例说明，我们以往接受的世界观，可能跟其他文化有冲突。可能的话，尽量不选用此类教材。无法回避时，可在说明原文含义时，让学生发表意见，在讨论中提高汉语水平和思辨能力。切忌将某些观点强加到学生头上。

一位教龄超过二十年的教师，在课上对手指的中文名称进行教学的过程中，一个一个地将手指竖起来进行介绍，但是在对"中指"进行讲解的时候，学生们却全都大笑了起来。之所以会产生这样的情况，是因为在西方国家，朝别人竖中指是一种带有侮辱性质的行为。一位年纪比较轻的教师在到国际学校进行参观的时候，觉得小孩子十分单纯可爱，就想要摸一摸孩子的脸和头，表示亲近。但是却被任课教师制止了，这是因为，在一些国家，不能摸别人小孩的头，这样做是犯忌的。由此可见，文化冲突无时无刻不存在。教师应该对文化的差异更加注重，提高自己的敏感度，从而让教学以及日常的交际能够顺利地进行。

在某种意义上讲，学会着装也是跨文化内容之一。国际汉语教师面对的是来自各个国家的学生，着装问题就显得非常重要了。除了一般要求（不能穿高于膝盖的短裙和无袖衣服，不能穿色彩过于艳丽的奇装异服）之外，还有一些问题值得注意。在西方课堂，任课教师每天都应换不同的衣服（衬衣）。如果你哪天没有换，学生会很奇怪，甚至会问："老师，你昨天晚上没回家吗？"有一位韩国学生的毕业论文写过一个案例：一位教师穿着运动服和运动鞋来上课，引起学生反感。韩国学生认为，这样是对学生极大的不尊重。

三、提高教学和管理艺术

（一）因材施教

"因材施教"是孔子两千多年前就提出的教育方针。教师选择教材、备课上课，都要根据学生的实际情况。了解学生的心理、性格、特点、水平，才可能使用合适的教材和教法。再好的方法，也不能千篇一律地使用。教师还应该学会适当变换方法，满足学生的新鲜感。

（二）提高对学生的观察力

"聪明"原意是"耳聪目明"；要使自己变聪明，就要提高观察力。课堂上，要注意观察学生懂了没有，是否对教学感兴趣；发现问题后，要及时调整教学。"懂了吗？"是最不明智的提问。东方人大多性格内敛，不懂也不好意思说；西方人大多会主动提问。部分学生自以为听懂了，部分学生可能不懂装懂。判断学生是否掌握所学知识，一是看表情，二是做恰当的练习。如教"把字句"，可以先让学生把"主谓宾结构句"转换成"把字句"；再设计几个真实情境，让学生输出。发现哪个学生练习有明显问题，说明他还没有真正习得，还需要到位的教学、训练。

（三）提高教学管理能力

在中国课堂上，教师比较具有权威，学生大多唯命是从，管理相对轻松；西方教育崇尚个性发展，照搬中国式管理不一定有用。

有一位实习教师在美国的国际学校代课，教十一二岁的学生。一次学生们刚上完体育课，课堂上吵吵闹闹，有人交头接耳，有人做小动作。教师多次劝阻无效，就冲着学生发火。事后，在熟手教师指导下，该实习教师和学生一起协商，制定了课堂公约，违反纪律的学生要承担后果，如警告、放学后抄课文、留堂半小时、向家长反映、见校长……惩罚逐步升级。契约法非常有效，课堂纪律井然有序。

从上例可知，在西方学校，可以引进西方的契约制，让学生自己参与制定一套切实可行的规则。它维护了学生的权利和尊严，具有较强的民主性，比教师单方面颁行规则要好得多。

（四）提高解释难点的能力

汉语教师上课的时候时常会遭遇类似情况：学生突然问你"一定""应该"有什么区别，这个问题你可能完全没有想到，因为它们在汉语里不是近义词。但学生有时很容易混淆。当学生问到区别时，就需要保持冷静，迅速用这两个词造句，看句中的"一定""应该"能否互换，互换后意思有何区别。例如，"你不应该闯红灯"与"你不一定闯红灯"，进而概括它们在意义上、句法形式上（句型句式、位置、词语搭配等）有何不同。如果确实回答不上来，就要承认自己也不清楚，并承诺以后把答案告诉学生。下课后要查阅相关资料，询问同事或同行专家，或进行相关研究，保证下一节课实现承诺。

四、培养科研素养和能力

要在汉语国际教育行业有所建树，不搞科研是不行的。科研素养和能力至少包括：文献查找和研读能力，资料收集整理能力，分析解决问题的能力，技术应用能力。

第一，在教学的过程中遇到自己难以解决的问题的时候，不仅可以请教同行，还要了解怎么对与问题相关的文献进行查找，弄清楚可以通过哪些网站、杂志或者书籍进行查找，知道怎样才能从前人研究中寻找出解决问题的方法，并且找到的理论、方法或者手段等应该符合自己研究进行的需要。

第二，要学会收集、整理研究用的各类资料，如汉语母语者语料、双语语料、中介语语料、教材语料、课堂教学实况材料、跨文化交际案例材料、各类学校的教学管理资料、国际汉语教育史料等。

第三，要学会用理论、方法来分析这些材料，得出解决问题的答案，得出令人信服的结论。因为教学中出现的很多问题在前人研究中是找不到现成的答案的。

第四，还要学会使用现代教育技术，进行材料的收集、整理和统计。例如，汉语母语语料库、双语或多语平行语料库、中介语语料库、教材语料库、教学案例库等，都应该学会使用。有时为了进行专门研究，还应该学会自己建设小型语料库、资源库。

科研素养和能力的养成需要长期训练。平时遇到难以解决的问题，要勤思、善问、多写。只有坚持不懈地训练，科研素养和能力才会得到提高。

五、后方法理论与教师发展

进入 21 世纪，西方一批著名外语教育专家声称，第二语言教学处于"后方法时代"。崔永华认为，他们的基本共识是，否定在第二语言教学中，教学和教师必须"自上而下"地接受和遵循某种特定语言教学理论和操作方法的做法。

后方法理论的代表人物库玛指出，后方法理论是"以教师为中心""承认教师有能力，不仅知道当前状况，而且知道在机构、课程和教材等学术和行政条件制约下，如何自主行动"。具体来说，教师必须做到五点：具备扎实的专业和知识基础；能够对学习者的需求和动机进行分析；能够辨识学习者的身份、信念和价值观；能够实施教学并形成自己的教学理论；能够监控自己的教学行为。不难看出，这五点跟我们前边讨论过的教师能力大同小异。这五点也是库玛提出的教师教育的五个模块，即知（knowing）、析（analyzing）、识（recognizing）、行（doing）、察（seeing），由此构成教师教育的 KARDS 模型。教师如果具备了上述能力，就不仅仅是教学的实施者，而且可以成为教学研究者和理论构建者。

赵杨认为，后方法理论的"教师中心论"对外语教学有重大意义。首先，它是对以往教学法淡化教师作用的一种反叛，将教学的主导权中心归还给教师。其次，它将以往教学的"术"提升到了后方法理论"道"的层面，认为语言教学并不仅仅是一种技能教学，而是将学习者、教师和教师教育者视为合作探索者，是在特定的文化社会环境中开展的一种社会活动。

参考文献

[1] 申小龙. 现代汉语 [M]. 上海：上海外语教育出版社，2011.

[2] 邹英，苗巍. 实用现代汉语 [M]. 沈阳：辽宁大学出版社，2011.

[3] 杨树达. 中国修辞学 [M]. 上海：上海古籍出版社，2013.

[4] 井凤芝，郑张清. 语言学 [M]. 昆明：云南人民出版社，2012.

[5] 陈丛耘. 现代汉语修辞学 [M]. 武汉：华中科技大学出版社，2014.

[6] 刘永成. 汉字与文化：兼论汉字教学改革 [M]. 北京：国家行政学院出版社，2013.

[7] 周国光，练春招，张舸，等. 现代汉语概论 [M]. 广州：广东高等教育出版社，2014.

[8] 倪素平，丁素红. 现代汉语实用修辞学 [M]. 天津：南开大学出版社，2014.

[9] 王焕玲，张娜. 语言学概论 [M]. 长春：吉林大学出版社，2014.

[10] 孙德金. 对外汉语教学课程论 [M]. 北京：商务印书馆，2014.

[11] 向平. 对外汉语教学的实践认知 [M]. 武汉：华中师范大学出版社，2014.

[12] 吴丽君. 王祖嫘. 对外汉语教师课堂话语研究 [M]. 北京：世界图书出版公司，2014.

[13] 张瑞. 基础汉语 [M]. 西安：西安交通大学出版社，2015.

[14] 姚红卫. 汉语基础教程 [M]. 上海：上海财经大学出版社，2015.

[15] 吕必松. 汉语语法新解 [M]. 北京：北京语言大学出版社，2015.

[16] 张旭. 汉语语言学问题 [M]. 北京：商务印书馆，2015.

[17] 马洪梅，杨西彬. 汉语与汉语应用研究 [M]. 上海：上海交通大学出版社，2016.

[18] 韩启振. 现代汉语应用研究 [M]. 武汉：武汉大学出版社，2017.

[19] 王昭庆，黄姗姗，刘爱玲，等.现代汉语基础教程［M］.镇江：江苏大学出版社，2017.

[20] 亓海峰，汉语语音与语音教学［M］.北京：华语教学出版社，2017.

[21] 陈新仁.汉语语用学教程［M］.广州：暨南大学出版社，2018.

[22] 王萍.汉语语音实验探索［M］.北京：世界图书出版公司，2018.

[23] 于照洲.汉字知识与汉字教学［M］.北京：北京语言大学出版社，2017.

[24] 冯胜利，施春宏.汉语语体语法新探［M］.上海：中西书局，2018.

[25] 温端政.语汇答问［M］.北京：商务印书馆，2018.

[26] 向星蓓，谢韵欣，谢知颖，等.语言学与现代语言艺术［M］.芒市：德宏民族出版社，2018.

[27] 刘旭东.现代汉语研究［M］.天津：天津科学技术出版社，2018.

[28] 张斌.汉语语法学［M］.上海：上海人民出版社，2019.

[29] 侯小华.网络语言的特点及反思［J］.新校园，2017（3）：187.

[30] 李平.现代汉语修辞学教学模式探究［J］.湖北第二师范学院学报，2017，34（12）：100-103.

[31] 姜娟娟，何格，杨海涛.网络语言形成及构词研究［J］.长江丛刊，2018（8）：92.

[32] 熊云惠，赵春时.网络语言的形成与规范［J］.皖西学院学报，2019，35（1）：93-96.

[33] 徐忠凯.汉字演变及发展规律简析［J］.辽宁广播电视大学学报，2019（4）：83-86.